가지급금
죽이기

가지급금 죽이기

2019년 3월 26일 초판 발행
2020년 2월 10일 2판 발행

지 은 이 | 장보원
발 행 인 | 송상근
발 행 처 | 삼일인포마인
등록번호 | 1995. 6. 26 제3－633호
주 소 | 서울특별시 용산구 한강대로 273 용산빌딩 4층
전 화 | 02)3489－3100
팩 스 | 02)3489－3141
가 격 | 15,000원

ISBN 978－89－5942－818－2 93320

최신 세법 반영
개정판

가지급금 죽이기

장보원 세무사 지음

SAMIL | 삼일인포마인

업무무관 가지급금

세무사 장보원

대표자 가지급금이 뭐냐고 묻길래
회삿돈을 사적으로 빼간 거라 했더니

내회사 내맘대로지 무엇이 문제냐고
개인사업 세금많아 법인전환 했다란다

하지만 회삿돈을 내돈같이 쓰다보면
네돈이 내돈같고 내돈도 네돈같아

가지급금 인정이자 지급이자 손비부인
인정이자 소득처분 기업평가 불량자산

맘대로 하시는게 능사만은 아니라고
아무리 얘기해도 그 버릇을 못고치네

목차

제 1 화

가지급금 죽이기를 시작하며 – 가지급금 대체 넌 누구니?

가지급금의 의미

가지급금(假支給金). 쉽게 말하면 회삿돈을 임직원, 주로 대주주나 대표이사가 인출해가면서 별도의 사용처를 밝히지 않고 그저 회사로부터 빌려간 돈으로 처리해 달라고 할 때 쓰이는 회계계정과목이다.

학교에서는 회계원리라는 교과목에서, 현금지급이 이루어졌으나 어디에 어떻게 쓰일지 몰라서 회계처리상 용도를 명시하지 않은 지출금을 회계처리할 때, 가지급금이라는 계정과목을 사용한다고 배운다.

그러나 출장비처럼 먼저 현금지급이 이루어져 일단 가지급금으로 회계처리한 다음, 출장 이후 지출영수증을 가지고 오면 복리후생비, 여비

교통비, 접대비 등으로 사후에 정식 회계과목으로 분류하는 경우도 있지만, 실무상 대부분의 가지급금은 대주주 · 임원 등 특수관계인이 용도 지정 없이 업무와 무관하게 빌려간 돈을 의미하는 경우에 사용된다.

이렇듯, 업무와 관련한 가지급금은 업무종료 후 곧바로 해당 계정과목으로 처리되어 소멸되지만, 업무와 무관한 가지급금은 오랫동안 가지급금으로 남아있는 게 보통이며, 주로 기업자금을 유용(流用)하는 수단으로 이용되기 때문에 세법상 여러 규정에 의해 규제된다.

규제대상 가지급금

그런데 세법상 규제대상이 되는 업무무관 가지급금은, 주식회사나 유한회사 등 법인형태로 사업을 하는 경우로서 그 차입상대방이 대주주 또는 임직원 등 특수관계에 있는 경우에 한한다. 반대로 해석하면 개인사업자가 자신이 운영하는 사업장에서 인출하는 금전이나, 법인사업자가 특수관계 없는 자에게 자금을 빌려주는 경우에는 세법상 규제대상 가지급금이 아니다.

세무상 규제대상이 되는 경우에는 법인이 특수관계인에게 업무무관 가지급금을 대여한 경우에 그 대여액에 반드시 이자를 받을 것을 규정하고, 이자를 받지 않는 경우 특수관계인이 이자만큼의 소득을 얻은 것으로 간주하며, 만약 대출금이 있는 법인이 업무무관 가지급금을 지급한 경우에는 해당 대출금의 이자비용을 세무상 경비에서 제외한다.

여기서 '업무'란 법인의 목적사업을 말한다. 금융기관의 업무는 금전의 대여가 주된 업무이겠지만, 일반적인 법인사업자는 금전의 대여가 주된 업무가 될 수 없으니 어쨌든 금융업을 영위하지 않는 법인이 누군가에게 돈을 대여해 주는 것은 일단 업무와 무관한 일이 되는 것이다.

가지급금을 기업회계기준에서는 '주주, 임원, 종업원단기채권'이라고도 한다. 줄여서 '주임종단기채권'이라고 부른다. 법인이 주주, 임원, 종업원에게 빌려준 돈이라는 의미이다. 그런데 법인이 사업관련 거래처에 빌려준 돈이라면, 같은 가지급금이라도 '주임종단기채권'이 아닌 '장·단기대여금'으로 회계처리한다.

그러나 세법은 주임종단기채권이건 장·단기대여금이건 그 계정과목에 불문하고 특수관계인에게 대여한 금전을 가지급금이라고 한다. 따라서 회계상 주임종단기채권이나 장·단기대여금 중 해당 법인과 특수관계에 있는 주주, 임원, 종업원 그리고 해당 법인과 특수관계에 있는 거래처에게 금전을 대여한 것이 있다면, 이를 법인의 업무무관 가지급금으로 보아 세무상 규제대상으로 삼는다.

한마디로 세무상 규제대상 가지급금은 법인이 특수관계인에게 명칭 여하에 불구하고 당해 법인의 업무와 관련이 없이 지급한 자금대여액을 말한다.

가지급금의 탄생

그러면 가지급금이란 어떻게 생겨났을까? 이 문제에 대한 해답은 개인사업과 법인사업의 권리와 의무관계를 살펴보면 알 수 있다.

개인사업자는 본인의 사업에 대해서 무한책임을 진다. 반면 주식회사나 유한회사 같은 법인체로 사업을 할 경우, 주주는 주주의 자격으로서 투자한 자본액만큼만 책임을 진다. 주주 입장에서 보면 주주의 유한책임이라는 면에서는 법인사업이 더 나을 수 있다.

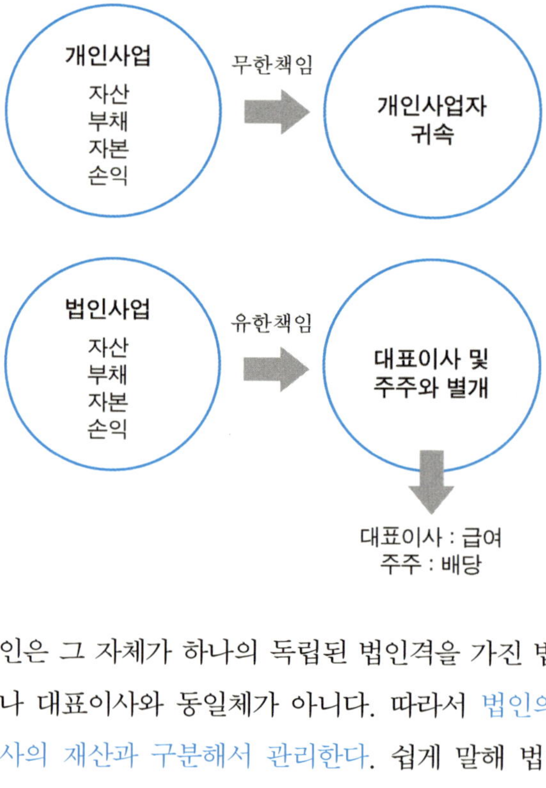

하지만 법인은 그 자체가 하나의 독립된 법인격을 가진 법률주체이기 때문에 주주나 대표이사와 동일체가 아니다. 따라서 법인의 재산은 주주나 대표이사의 재산과 구분해서 관리한다. 쉽게 말해 법인통장을 따로 관리해야 한다는 것이다.

흔히 법인을 통해 돈을 벌면, 1인 주주의 지위 또는 대표이사의 지위를 이용하여 법인의 돈을 임의로 인출해 갈 수 있다고 생각하기 쉽다. 그러나 법인통장을 주주나 대표이사의 재산과 구분하여 따로 관리한다는 면에서, 법인통장에서 주주 또는 대표이사가 회삿돈을 임의로 인출하면 법인이 주주 또는 대표이사에게 업무와 관련없이 자금을 대여해 준 것으로 본다는 것을 의미한다.

더 나아가 만약 거래처에 결제할 금액은 결제하지 않고, 주주 또는 대표이사가 법인의 자금을 임의로 인출했다면 이는 공금횡령으로 처벌을 받을 수도 있는 것이다. 그러니 법인으로부터 주주나 대표이사가 정당하게 이익을 가져가려면 주주는 배당으로, 대표이사는 급여(또는 상여)로 가져가야 한다.

반면에, 개인사업자는 사업을 통해 획득한 모든 이익에 대하여 종합소득세만 정당하게 낸다면 그 잔여금을 아무런 법적 제약 없이 자신이 가져갈 수 있다. 그래서 개인사업체의 인출금에 대해서는 별도의 세법상 규제가 없다.

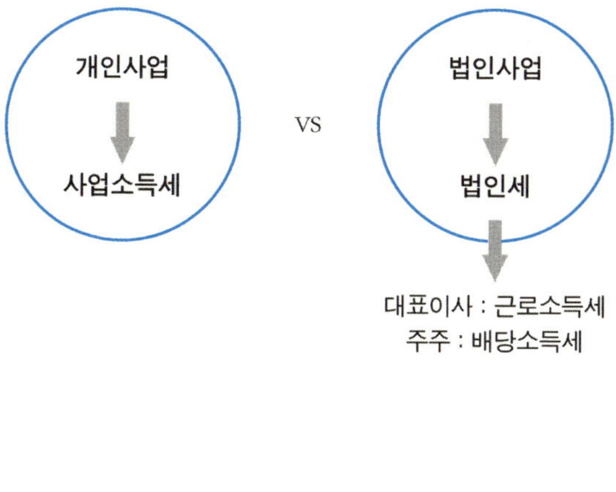

많은 창업자들이 사업을 처음 시작할 때 법인사업으로 할지 개인사업으로 할지를 두고 고민한다. 사업소득금액에 과세하는 법인세와 사업소득세를 단순히 세율(법인세율과 종합소득세율)로만 비교한다면 법인사업이 유리하다. 예를 들면, 사업에서 벌어들인 소득이 2억 원이라고 가정할 때 법인사업자는 10%의 법인세를 부담하지만, 개인사업자는 38%의 종합소득세를 부담한다.

법인의 과세표준	법인세율	누진공제
2억 원 이하	10%	–
200억 원 이하	20%	20,000,000원
3,000억 원 이하	22%	420,000,000원
3,000억 원 초과	25%	9,420,000,000원

개인의 과세표준	종합소득세율	누진공제
1,200만 원 이하	6%	–
4,600만 원 이하	15%	1,080,000원
8,800만 원 이하	24%	5,220,000원
1.5억 원 이하	35%	14,900,000원
3억 원 이하	38%	19,400,000원
5억 원 이하	40%	25,400,000원
5억 원 초과	42%	35,400,000원

하지만 법인사업으로 사업하는 것이 반드시 절세가 되는 것일까? 그렇지 않다. 법인세를 내고 남은 돈을 주주나 대표이사가 함부로 가져갈 수 없고 주주는 배당, 대표이사는 급여(또는 상여)로 가져가게 되는 경우에 주주나 대표이사는 또다시 6~42%의 종합소득세를 내야 한다.

그렇기 때문에 어찌 보면 법인사업으로 하는 것이 종국에는 더 많은 세금부담이 될 수도 있고, 당장 법인세율이 낮은 점을 절세라고 말하는 것은 조삼모사(朝三暮四)일 수도 있다. 처음에는 법인세율이 낮아서 좋아 보이지만, 나중에는 개인사업자보다 더 많은 세금을 낼 수 있기 때문이다.

사정이 이러하다 보니 법인의 주주나 대표이사가 돈이 필요한 경우, 종합소득세를 내야 하는 배당이나 급여(또는 상여)의 방법보다는 법인의 자금을 빌리는 방법을 선택한다. 즉, 가지급금이 탄생하는 순간이다.

제 2 화

가지급금의 유혹 – 법인전환으로 절세?

개인사업에 따른 종합소득세 계산

앞서 얘기했던 것과 같이 가지급금은 법인사업을 영위하는 대주주 또는 대표이사가 회삿돈을 가져갈 때, 배당이나 급여(또는 상여)로 가져가게 되면 개인이 부담할 종합소득세가 늘어나기 때문에 이를 피하려고 법인으로부터 빌려간 것으로 회계처리할 때 발생한다.

애초부터 개인사업을 했다면 개인사업에서 번 돈을 쓰는 것은 자유로운 일이고 그렇게 쓰는 돈에 세금은 없다. 다만, 개인사업에서 얻은 소득에 대해서 종합소득세를 다 냈다는 것을 전제로 하는데 종합소득세율은 법인세율과는 달리 6~42%까지로 당장의 세부담이 크다.

반면 법인사업에서 얻은 소득에 대해서는 법인세를 내게 되는데, 법인세율은 10~25%까지로 당장의 세부담은 종합소득세에 비해서 낮은 편이다. 그러나 법인세를 내고 남은 돈을 대주주 또는 대표이사가 배당이나 급여(또는 상여)로 가져갈 때 6~42%까지 추가적인 종합소득세를 내야 하니, 배당이나 급여(또는 상여)보다는 가지급금으로 가져가는 관행이 생긴 것이다.

다음은 이런 가지급금의 유혹에 빠지게 된, 어느 회사 사장들의 이야기이다.

개인사업을 10년째 해 온 장사장. 매년 5월만 되면 종합소득세를 내라고 세무사무실에서 납부서를 준다. 바로 옆 사무실에서 법인으로 사업을 하고 있는 변사장은 5월이 되어도 종합소득세니 뭐니 신경 쓰는 눈치가 아니다.

사업체 규모도 비슷비슷하고, 얘기해 보면 개인적인 살림살이 수준도 비슷비슷한데 왠지 장사장은 자기만 세금을 많이 내고 있다는 느낌이 든다.

장사장은 하루 날을 잡아 변사장에게 막걸리를 사주면서 고민을 털어놔 본다.

장 "변사장, 나는 지난 5월 말에 사업소득세만 5천만 원도 넘게 냈어. 변사장은 1년에 세금을 얼마나 내고 있어?"

변 "우리는 법인이니까 법인세를 내지. 사업소득세를 5천만 원도 넘게 냈다면 이익이 얼마나 났어?"

장 "세무사가 그러는데, 사업소득금액이 2억 원이라던데."

변 "그럼, 법인세율이 2억 원까지 10%이니 우리 같으면 2천만 원 냈겠구먼."

장 "아, 그럼 내가 적용받은 사업소득세율은 25% 정도 되나보지?"

변 "아냐, 사업소득이나 근로소득 같은 게 있을 때 적용되는 종합소득세율은 최저 6%에서 최고 42%까지 7단계 초과누진세율구조인데, 2억 원이면 적용세율이 38%이고 누진공제액이 2천만 원 가까이 되지. 그러니까 7단계 세율구간별로 세금을 계산해서 합치는 건데 그게 복잡하니까, 이익에 적용되는 최고세율을 곱하고 누진공제를 빼는 식으로 계산해. 2억 원에 38%이면 7.6천만 원이고, 누진공제 2천만 원 빼면 딱 5.6천만 원이구먼."*

* 개인사업자 세금 5.6천만 원(=2억 원×38% - 2천만 원) vs
  법인사업자 세금 2천만 원(=2억 원×10%)

(주) 세금을 계산함에 있어 백만 원 단위 아래와 각종 소득공제 또는 세액공제감면은 중요성의 원칙에 입각하여 생략하기로 한다. 이하 같다.

개인의 과세표준	종합소득세율	누진공제
1,200만 원 이하	6%	-
4,600만 원 이하	15%	1,080,000원
8,800만 원 이하	24%	5,220,000원
1.5억 원 이하	35%	14,900,000원
3억 원 이하	38%	19,400,000원
5억 원 이하	40%	25,400,000원
5억 원 초과	42%	35,400,000원

장 "그냥 2억 원에 25% 정도 곱해도 되는 거 아닌가?"

변 "아냐, 만약 자네 사업의 이익이 2억 원이 아니고, 3억 원이면 추가된 이익 1억 원에 대해서는 25%가 아니라 38% 세율을 적용해서 3.8천만 원만큼 세금이 늘거든. '아' 다르고 '어' 다른 거라고. 나처럼 법인인 경우에는 법인세율이 2억 원까지 10%이고 2억 원 초과는 20%라서 이익이 1억 원이 늘면 세금은 2천만 원이 늘지. 그래서 법인도 이익이 2억 원 넘으면 크게 재미는 없어."

장 "그래도 나는 이익이 1억 원이 늘면 3.8천만 원(=1억 원×38%) 세금이 늘고, 자네는 2천만 원 늘고 점점 더 나만 불리해지는구먼."

변 "그렇지, 그건 종합소득세율과 법인세율 차이 때문이니 자네도 빨리 법인으로 전환하라고."

법인사업에 따른 법인세와 대표이사의 근로소득세 계산

그리하여 장사장은 10년째 해 온 개인사업을 접고, 주식회사(법인)를 설립하여 사업을 재개했다. 즉, 법인전환을 하게 되었다.

그런데 한 가지 고민에 빠지게 된다. 개인사업을 할 때는 자기 명의 사업용 통장에서 사업관련 자금의 입출금을 관리하면서 생활비도 빼 쓰고 했지만 아무런 제약이 없었다.

그러나 법인으로 사업을 하다 보니 월급을 받아가는 것 외에는 법인 통장에서 임의로 돈을 빼 쓰지 말라고 세무사가 조언을 한다. 그래서 연봉을 2억 원으로 책정했더니 근로소득세가 4.9천만 원 정도란다.*

* (1) 총급여 2억 원 (-) 근로소득공제 약 1.7천만 원
= 근로소득금액 약 1.83억 원
(2) 근로소득금액 약 1.83억 원 × 세율 38% - 누진공제 약 2천만 원
= 산출세액 약 4.9천만 원

장 '에이! 법인으로 하면 세금이 싸다더니, 개인사업으로 할 때와 몇 백만 원 차이도 없구먼.'

장사장은 다시 옆 사무실의 변사장을 불러 소주를 사주면서 물어본다.

장 "아니, 내가 자네의 조언에 따라 세금을 아끼기 위해 법인을 설립하고 사업을 재개했는데, 평소 생활하는 수준이 있으니까 연봉을 2억 원으로 책정했다구. 그랬더니 세무사가 그러는데 근로소득세가 4.9천만 원 정도라는 거야. 개인사업할 때 소득이 2억 원이면 사업소득세가 5.6천만 원 내는 거랑 7백만 원 차이밖에 없고 또 법인세도 내야 하면 이건 좀 아닌데."

개인사업자 세금 5.6천만 원(=2억 원×38% - 2천만 원) vs 근로소득자 세금 4.9천만 원

변 "저번에 나와 얘기할 때 자네의 개인사업 이익이 2억 원이라고 했잖은가? 거기에는 자네의 연봉같은 건 없어. 종합소득세만 내고 남은 돈은 몽땅 당신의 것이지."

장 "그게 무슨 말이야?"

변 "개인사업자에게는 자신의 월급같은 건 없어. 개인사업을 하면서 번 이익 그 자체가 개인사업자의 몫이니까. 자네의 경우에는 개인사업의 이익 2억 원에 사업소득세 5.6천만 원만 내면 나머지 돈은 모두 자네의 것이고 그걸로 끝인 거지."

장 "법인사업은?"

변 "법인사업은 이익 자체를 계산할 때 대표자인 자네의 월급을 비용으로 차감할 수 있네. 그렇게 자네 연봉을 2억 원으로 책정했다면 법인사업의 이익에서 차감할 수 있지. 연봉 2억 원에 따른 근로소득세 4.9천만 원은 내고 연봉 계산 전 법인의 이익이 2억 원이라면, 연봉 계상 후 법인의 이익은 0원이 될테니 법인세는 없었겠지."

장 "그렇다 하더라도 어쨌든, 법인세를 안 낸다고 해도 개인사업을 할 때와 세금은 7백만 원 차이 밖에 없는 것이지 않나? 뭐 법인사업이라서 이것저것 복잡하기만 한데…. 그나저나 자네는 어떻게 절세를 하는 거지?"

법인세와 종합소득세의 비교와 이중과세

변 "애초부터 자네가 법인을 만든 건 사업소득세를 줄여보려고 했던 게 아닌가? 그런데 자네는 개인사업의 사업소득세와 법인에서 전부 급여로 챙겨가서 근로소득세를 내는 차이에 대해서만 얘기하는구먼. 그 차이야 별로 없겠지."

장 "그럼, 그것 말고 뭐가 중요하다는 건가?"

변 "애초부터 내 얘기는 개인사업과 법인사업의 세금 비교는 개인사업의 종합소득세와 법인사업의 법인세를 비교했던 거야. 그리고 이때 자네의 급여는 없는 것으로 가정한단 말이지. 개인사업은 원래부터 사업주 급여라는 게 없으니 당연한 거고, 법인에서도 급여를 가져가지 않는다고 가정했던 거야."

장 "그럼 어떻다는 건데?"

변 "법인에서 자네 급여가 없다면 이익이 2억 원이구먼. 만약 개인사업을 했다면 종합소득세로 약 5.6천만 원을 낸다고 했지? 그런데 법인사업을 하면 법인세는 2천만 원(=2억 원×10%)을 내는구먼. 결국 3.6천만 원이 절세가 되는거지."

> 개인사업자 세금 5.6천만 원(=2억 원 × 38% - 2천만 원) vs
> 법인사업자 세금 2천만 원(=2억 원 × 10%)

장 "자네는 귀신이구먼. 어떻게 세금을 바로 알아내나?"

변 "내가 소싯적에 세무사 시험공부를 좀 했거든. 흐흐."

장 "그렇지만 내가 급여도 안 받고 어떻게 생활을 하란 말인가?"

변 "맞아. 그래서 통상 법인에서 급여 대신 돈을 빌려가지. 그걸 가지급금이라고 한다네."

장 "그렇게 빌려가도 되나?"

변 "법인에서 돈을 빌려서 쓰는 거는 자유지만, 몇 가지 골치 아픈 건 있어."

장 "빌려쓰면 갚아야 하잖아?"

변 "갚는 방식은 여러 가지가 있는데, 급여를 조금씩 올리던가, 아니면 퇴직금을 만들어서 빼가던가, 아무튼 그건 조금씩 알아보자고."

장 "그러면, 또 그 급여나 퇴직금에 대해 세금을 내야되지 않나? 그거 안 갚으면 안되나?"

변 "안 갚으면 안 갚는 데로 무슨 방법이 있겠지. 흐흐."

장 "그래, 좀 더 자주 만나면서 얘기해 보세."

변 "흐흐, 법인사업을 통해 절세하는 모양을 유지하기 위해서는 결국 가지급금으로 법인자금을 땡겨 가는 수밖에 없지. 만일 배당이나 급여(또는 상여) 같은 걸로 가져가면 종합소득세를 더 내게 되어서 이중과세가 되는 셈이거든. 이중과세를 피하고 법인자금을 빼가려면 계속 가지급금이 늘어나지. 그런데 이게 페널티가 있거든. 장사장도 결국 가지급금의 유혹에 걸려드는구먼. 흐흐."

제 3 화

가지급금에 뒤통수 맞은 사연 하나 – 가지급금에 이자붙다

가지급금 인정이자의 익금산입(1)

앞서 이야기한 바와 같이 법인세법은 법인이 특수관계인에게 업무무관 가지급금을 대여한 경우에는 그 가지급금에 대하여 반드시 이자를 받을 것을 강제하고 있다. 그래서 만일 이자를 법인세법이 정한 이자율보다 적게 받거나 받지 않은 경우에는 그 차액을 법인의 익금(수익)에 가산(산입)하도록 규정하고 있다. 세법은 이를 자금대여의 부당행위계산부인, 이른바 인정이자라고 부른다.

이렇게 하는 이유를 이론적으로 보자면, 법인이 가지급금을 특수관계인에게 대여하지 아니하고 이를 금융기관에 예치한다면 그 예치금에 대한 이자소득이 발생하여 그만큼 법인의 소득이 증가할 것이고 그만큼 법인세도 더 많이 내야 하므로, 금융기관에 예치한 경우와 형평을 맞춘다는 점에서 가지급금에 대한 이자만큼을 익금산입한다고 볼 수 있다.

이러한 내용은 법인사업을 하는 분들은 꽤 잘 알고 있고, 법인과 특수관계인 간 가지급금에 대해 원금과 이자의 상환기간 및 이자율의 약정이 없는 경우 인정이자 상당액을 특수관계인에게 상여 등으로 소득처분하는 또다른 규제도 있기 때문에 통상의 경우 가지급금에 대해 금전소비대차계약에 관한 약정을 한다.

그런데 대부분의 경우, 법인의 대표이사 등 법인을 사실상 지배하는 자가 법인으로부터 가지급금을 대여해 가면서 약정이자를 법인세법이 정한 이자율보다 높게 쳐서 줄 리가 만무하다. 꽤 오랫동안 세무사업을 하면서 고율의 이자를 쳐 준 사례는 거의 본 일이 없다.

그래서 통상적으로 법인과 가지급금을 차용한 특수관계인 간의 이자율은 법인세법이 정한 이자율을 따르게 되는데, 그 이자율을 '당좌대출이자율' 또는 '가중평균차입이자율'이라 하고 가지급금이 있는 법인은 2개의 이자율 중 하나를 선택할 수 있다. 이렇게 법인세법이 정한 이자율에 따른 이자를 '인정이자'라 하고, 당좌대출이자율과 가중평균차입이자율을 '인정이자율'이라고 표현한다.

인정이자율은 가지급금이 발생한 날을 기준으로 적용하게 되는데, 현행 당좌대출이자율은 법인세법이 4.6%로 규정하고 있고 세법이 바뀌면 바뀌는 이자율이다. 따라서 당좌대출이자율로 이자약정을 하게 되면, 이자계산이 크게 복잡하지가 않다.

반면 가중평균차입이자율은 각 법인의 차입금 현황을 고려한 이자율로서, 가지급금 발생 시점에 법인이 보유한 각각의 차입금 잔액에 차입 당시의 각각의 이자율을 곱한 금액의 합계액을 해당 차입금 잔액의 총액으로 나눈 비율을 말한다.

가중평균차입이자율을 구하는 방법을 예를 들어 설명해 본다.

어떤 법인이 대표이사에게 가지급금을 대여한 날을 기준으로 금융기관으로부터 빌린 차입금이 1억 원(이자율 3%)과 5천만 원(이자율 5%) 총 1.5억 원이 있다고 가정해 보자.

법인이 이렇게 금융기관으로부터 돈을 빌린 상태에서, 대표이사에게 가지급금을 빌려준다면 적어도 가지급금 이자율은 이 두 가지 차입금의 평균적인 이자율만큼은 받아야 이론적으로 형평에 맞을 것이다. 이 사례의 경우 3.667%가 된다.

가중평균차입이자율(3.667%)

$$= \frac{\text{5.5백만 원(= 차입금 잔액×이자율, 1억 원×3\%+5천만 원×5\%)}}{\text{1.5억 원(= 차입금 잔액 계)}}$$

이 가중평균차입이자율 수식이 어렵다면 '이자율이란 이자액을 차입금액으로 나눈 비율'이라는 점에 착안하면 좀 더 이해가 쉽지 않을까 생각해 본다.

어찌 되었든 결론은, 법인이 대표이사에게 가지급금을 대여하면서 당좌대출이자율 또는 가중평균차입이자율로 이자를 받기로 약정했거나, 이것보다 더 많이 받기로 했다면 법인의 손익계산서에 이자수익으로 그것이 반영되어 있을 것이고, 이것은 부당한 행위계산이 아니니 문제될 것이 없다.

그러나 가지급금에 대한 이자를 인정이자율보다 적게 받거나 받지 않는 경우에는 부당한 행위계산이 된다. 따라서 인정이자와 (적게 받거나 받지 않은) 약정이자와의 차이를 법인의 익금(수익)에 가산(산입)하는 세무적 절차가 요구된다.

인정이자 = (가지급금 적수 – 가수금 적수) × 인정이자율 × 1/365(윤년의 경우 1/366)

다음은 법인사업을 하면서 가지급금을 이용하여 세금을 줄여보려 했던 장사장의 이야기이다.

장사장은 변사장과 협의한 후부터 법인에서 급여도 받지 않은 채(급여로 가져가면 근로소득세를 내야하므로), 이익이 나면 10~20%의 법인세만 내고, 법인 통장의 잔고를 가지급금으로 인출해서 생활하고 있다. 그게 벌써 3년이 넘어간다. 그러던 중 4년 째 되던 법인세 신고기한에 즈음하여 세무사로부터 전화를 받게 된다.

허 "장사장님, 저 허세무사입니다."

장 "예, 오랜만입니다. 잘 지내시지요? 그런데 평소 전화도 잘 안하시는데 어쩐 일로 전화를 주셨는지요?"

허 "다름이 아니고 법인 통장을 정리하다보니 장사장님께서 법인으로부터 4년간 벌써 8억 원이나 인출해 가셨던데요. 특별한 목적이라도 있으셨는지요?"

장 "아 그게 아니라, 지인이 그러는데 법인자금을 대표자 급여나 상여로 가져가는 것보다 가지급금으로 가져가면 세금이 싸다고 그래서요. 생활비로 다 썼습니다."

허 "허허, 그럼 법인과 자금대여계약서를 별도로 쓰셨는가요?"

장 "네? 무슨 말씀이신지요? 내 회삿돈을 내 맘대로 할 수 있는 거 아닌가요?"

허 "허허, 자금대여계약은 안하셨군요."

장 "뭐, 그런 것도 해야 합니까? 주주라면 제가 100% 1인 주주인데요."

허 "대표이사이시고 1인 주주라도 법인자금을 빌려가실 때는 반드시 회사와 자금대여계약 및 이자약정을 해야 한답니다."

장 "안하면 어떻게 되는데요?"

허 "그게… 사장님이 법인으로부터 무이자로 빌리신 셈인데, 그렇게 되면… 법인이 자금대여액의 당좌대출이자율이라고 4.6%(2015년 말 이전까지는 6.9%)의 이자를 받은 것으로 봐서 법인의 이익에 가산하고요, 그 이자만큼 다시 사장님이 가져간 것으로 봐서 근로소득세를 과세합니다."

장 "뭐, 빌린 돈에 4.6%요? 그럼 이제까지 한 8억 원을 빌려갔으니 한 3.5천만 원 넘게 법인의 이익에 더해지고, 그 이자만큼 제 근로소득으로 보겠네요? 그런데 제가 벌써 4년째 법인을 하는데 그런 얘기는 처음 듣는데요."

허 "보니까 우리 직원이 사장님이 법인전환하시고 매년 2억 원 정도 법인 통장에서 가져가신 금액을 가지급금으로 회계처리해 두면서, 관행적으로 4.6% 만큼 이자약정한 것으로 생각했는지 손익계산서에 이자수익처리를 했더라구요. 그런데 수년 동안 이자를 법인에 갚으시는 것이 없고 금액도 커지니까 이제야 제게 알려주더라구요."

장 "아니, 내가 손익계산서라는 것을 못 보는 사람이긴 하지만 저 몰래 이자수익으로 처리했습니까?"

허 "그럼 어떻게 합니까? 그게 사장님을 위한 최선인 걸…. 제가 보니 사장님이 운영하시는 법인은 별도로 외부로부터 차입한 것도 없으시던데요."

장 "그게 무슨 말입니까?"

허 "만일 법인에게 외부차입금이 있으면 당좌대출이자율 4.6%가 아니라 그 차입금의 실제 이자율로 이자계산을 할 수도 있어요. 아무튼 이렇게 세법이 정한 이자를 인정이자라고 합니다."

장 "그건 그렇다 치고요, 그럼 여태껏 법인세를 낼 때 그 인정이자에다 법인세를 냈구먼요."

허 "네, 그렇습니다. 그런데 그게 지금 꽤 되네요. 가지급금 8억 원에 4.6%면 4천만 원 가까이 이익이 붙잖습니까? 지금 사장님 법인은 이익이 2억 원 조금 넘어서 법인세율이 20%예요. 그러니까 이번에도 실제 이익에 대한 법인세 말고도 인정이자에 대해 8백만 원의 법인세를 더 내는 셈이 될 것 같습니다."

장 "허참… 무슨 말씀인지 알아는 듣겠는데 그럼 그건 그렇다치고요, 여태껏 안 갚은 이자는 어떻게 합니까?"

허 "으흠… 그게 그리 간단치가 않아요. 저희 직원은 인정이자 미수금액을 사장님이 다음해 연초에 갚았고 그 날 다시 가지급금으로 빌려가신 것처럼 처리해 놨더라구요. 사실 아무런 통장거래는 없었지만."

장 "저는 4년 동안 한 푼의 이자도 주지 않았지만 법인세를 더 냈다는 것 외에 제가 따로 근로소득세를 낸 적이 없었던 것 같아요. 그럼 앞으로도 그 직원분께서 처리했던 것처럼 계속 그렇게 할 수 없나요?"

허 "그게… 우리 직원이 디테일은 잘 모릅니다. 만일 약정을 했더라도 그 약정된 이자를 1년이 넘도록 안 주면 그게 사장님의 근로소득이 돼요."

장 "아니아니… 여태껏 3년 동안 아무 말도 없다가 무슨 소립니까?"

허 "직원이 사장님이 실제 이자를 안갚으시니까, 이걸 다시 가지급금에다 매년 더해 놓은건데 세무서에서 실제 회수가 없다고 판단되면 이걸 사장님의 근로소득으로 봐요. 지금 팩스로 관련 조세심판례를 보내드릴께요. 그런데 제가 배가 살살 아려서 화장실 좀 갔다가 다시 전화드리겠습니다." "뚝"

장 '그런데 그게 뭐 문제인가? 내가 이자를 갚고 바로 다시 빌리는 것이나, 미수이자를 가지급금에 얹어 놓으나 다를 것도 없는데….'

장사장이 혼잣말로 자기 변명을 하고 있는 도중에 사무실로 한 장의 팩스가 스윽 들어온다.

□ **조심 2015중5390, 2016. 1. 7. 외 다수**

청구법인통장의 자금이 대표이사 등에게 송금되었다가 즉시 회수된 것으로 나타나고 있어 쟁점미수이자를 실제 회수한 것으로 보기 어려운 점, (중략) 등에 비추어 쟁점미수이자에 대하여 이자발생일이 속하는 사업연도 종료일로부터 1년이 되는 날까지 현금 회수되지 아니한 것으로 보아 대표이사 등에 대한 상여로 소득처분하여 소득금액변동통지한 처분은 잘못이 없음.

제 4 화

가지급금에 뒤통수 맞은 사연 둘 – 인정이자의 세무처리

가지급금 인정이자의 익금산입(2)

법인의 가지급금에 대하여는, 법인세법이 정한 이자율보다 적게 받거나 받지 않은 경우에 이를 부당행위계산으로 보고 인정이자와 약정이자의 차액을 법인의 익금(수익)에 가산하도록 한다. 이러하니 법인과 특수관계인 간에 가지급금에 대한 약정이자를 법인세법이 정한 인정이자율(당좌대출이자율 또는 가중평균차입이자율)로 서면약정하는 경우가 많고, 실무상 구두로 약정하는 경우도 있다.

어쨌든 가지급금에 대하여 법인에게 이자를 주기로 했다면 그 이자를 받는 법인은 이를 이자수익 처리해야 하는 것이고, 이자를 주는 자는 이자를 줄 때 이자세금(25%)을 원천징수해야 하는 실무상의 문제가 있다.

또한 아예 이자약정이 없는 경우라면 어떻게 처리해야 하는지도 살펴봐야 한다.

다음은 장사장이 운영하는 법인의 결산과 세무조정을 맡고 있는 허 세무사와 담당 여직원인 방대리 사이의 이야기이다.

허 "방대리님! 잠깐 저 좀 보시지요."

방 "세무사님, 장사장님과 통화하신 건 어떻게 되셨어요?"

허 "어떻게 되고 안 되고를 떠나서, 내가 물어보니까 가지급금에 대한 이자약정 자체가 없었구먼. 그런데 당좌대출이자율로 약정한 것으로 봐서 이자결산을 해 준 건가요? "

방 "지금이라도 어떻게… 만들면 안 될까요?"

허 "여기, 장보원 세무사가 삼일속보에 기고한 글을 좀 봐봐요. 이 부분…."

방 "잠시만요, 너무 기네요. 제 자리에서 조금 읽어보고 다시 올께요."

가지급금에 대해 원금과 이자의 상환기간 및 이자율의 약정이 있는 경우

법인이 가지급금을 대여함에 있어 그 상대방과 원금 및 이자의 상환과 이자에 관한 약정이 있는 경우에 그 약정이자가 인정이자율보다 낮지 않다면,* 그 약정에 따라 계상한 이자수익은 이자계산의 근거가 있는 세법상 정당하므로 법인이 손익계산서상 이자수익으로 계산한 것 외에 추가적인 익금(수익) 가산은 없다. 즉, 회사의 회계처리에 대응하여 특별히 세무사가 세무조정을 할 것이 없다는 것이다.

* 만일 인정이자율보다 낮은 이자율로 약정하여 이자수익을 계산했다면, 인정이자율과의 차액에 대한 이자수익을 추가적인 익금(수익)에 가산하여야 한다.

가지급금 인정이자 세무조정 없음. 단 지급약정일 기준으로 수익인식할 경우 세무조정 가능

그런데 이렇게 법인이 이자수익으로 계상한 금액에 대해서는 통상 그 익금의 귀속시기를 약정에 의하여 이자를 지급받는 날이나 실제로 이자를 지급받는 날로 보는 것이 원칙이기 때문에, 그 이자를 실제 받거나 약정일이 도래할 때까지는 법인세가 과세되는 익금(수익)에서 제외할 수도 있다.

그러나 법인세법은 발생주의(수익을 가져오는 권리의 발생을 수익으로 취급, 실제 수입이 있고 없고의 구분없이 수익을 계상하는 회계처리방법)에 의하여 계상된 이자수익에 대해 당해 익금(수익)으로 법인세를 신고납부하여도 이를 문제시하지 않는다.

다만, 법인세법 기본통칙 4－0…6【가지급금 등의 처리기준】에 의하면 인정이자는 이자발생일이 속하는 사업연도 종료일로부터 1년이 되는 날까지(약정과 관계없이) 미수이자를 회수하지 않으면 안 되도록 규정했기 때문에 통상 발생주의에 따른 이자수익을 당해 익금(수익)으로 하여 법인세를 신고납부한다.

이렇듯 이자발생일이 속하는 해에 법인세를 신고납부했다면 추후 도래한 이자약정일에 실제 이자를 받으면서 이자금액의 원천징수(통상 비영업대금이익이라 하여 25% 상당액 원천징수납부)는 안 해도 된다. 왜냐하면, 이미 그 이자가 발생한 기간에 이자수익에 대한 법인세를 다 냈기 때문이다.

반면 약정일이 속하는 해에 법인세를 신고납부하려고 한다면 그 이자가 발생한 기간의 미수수익은 익금에서 제외해 두었다가 약정일이 속하는 해에 익금에 가산처리하고, 이자약정일에 이자를 지급하는 자는 그 이자금액의 25%를 원천징수하여 공제지급한 후 원천징수세액을 관할 세무서에 납부하여야 한다.

여기서 주의할 것은 이자를 지급하는 자는 그 이자에 대한 원천징수가 있는지의 여부에 불문하고, 그 이자지급에 관한 사항을 지급명세서로 작성하여 이자 지급일이 속하는 해의 다음 연도 2월 말일까지 관할 세무서에 제출하여야 한다.

이자를 지급받는 법인(선택)	이자를 지급하는 자	
이자발생기준 법인세 신고납부	기간경과분 원천징수 없음.	지급명세서 제출 ○
이자약정기준 법인세 신고납부	기간경과분 원천징수 있음.	지급명세서 제출 ○

가지급금에 대해 원금과 이자의 상환기간 및 이자율의 약정이 없는 경우

그러나 법인이 가지급금을 대여함에 있어 그 상대방과 원금 및 이자의 상환과 이자에 관한 약정이 아예 없는 경우로서 회계결산을 하는 자가 임의로 이자수익을 계산한 경우에는, 그 이자수익은 이자계산의 근거가 전혀 없는 것이기 때문에 세법상 이를 인정하지 아니한다.

그리고 법인이 무이자부로 주주나 대표이사에게 가지급금을 대여한 것으로 보아, 그 이자면제액을 귀속자에게 인정상여 또는 인정배당 등으로 소득처분하여 과세한다.

예를 들어, 어떤 법인이 대표이사에게 가지급금을 대여하면서 원금 및 이자의 상환기간 및 이자율의 약정이 없었다고 가정하자. 그리고 이에 대한 세법상 인정이자가 100이라고 하자.

회계결산하는 자가 있는 사실 그대로, 가지급금에 대한 인정이자를 손익계산서에 반영하지 않으면, 세무조정을 하는 세무사는 앞서 이러한 행위가 부당한 행위계산이 되기 때문에 인정이자와 무이자와의 차액을 (익금산입) 인정이자 100 (배당 또는 상여)으로 세무처리할 것이다.

(익금산입) 가지급금 인정이자 100 (배당 또는 상여)

그러면 인정이자 100이 익금산입된 법인은 그에 대해 법인세를 내게 되고, 인정이자를 배당 또는 상여로 소득처분받은 주주 또는 대표이사는 그에 대해 배당소득세 또는 근로소득세를 내게 될 것이다.

그런데 회계결산하는 자가 사실과 달리 손익계산서에 인정이자 상당액을 이자수익으로 100만큼 결산해 두고, 이를 아직 받지 못한 미수이자로 처리해 두었다고 가정해 보자.

이때 세무사는 가공이자수익으로 인한 미수수익 100은 회사의 가공자산이기 때문에 (손금산입) 미수수익 100 (△유보)하고*, 이자약정이 없는 것은 부당한 행위계산이 되기 때문에 인정이자와 무이자와의 차액을 (익금산입) 인정이자 100 (배당 또는 상여)으로 처리할 것이다.

(손금산입) 가공미수수익 100 (△유보) (익금산입) 가지급금 인정이자 100 (배당 또는 상여)

* 법인의 자산에 대하여 자산성을 부인할 때 (손금산입) 가공자산 (△유보)라고 세무조정한다. 향후 법인이 이 가공자산을 비용처리할 때 반대조정형식으로 (익금산입) 가공자산 (유보) 세무조정이 발생한다.

이후에 회사가 미수수익으로 계산한 100은 그 상대방으로부터 지급받을 법적 권한이 없는 가공자산이기 때문에 회사가 전기오류수정손실이나 대손상각비 100으로 손익계산서상 손실처리할 때, 세무사가 이를 (손금불산입) 가공미수수익 100 (△유보)로 정리해 주는 것이다.

구분	결산시 가공이자를 계산 안한 경우	결산시 가공이자를 계산한 경우
1	손익계산서 이자 0	손익계산서 이자 100
2	(익금산입) 인정이자 100 (상여 등)	(손금산입) 미수수익 100 (△유보) (익금산입) 인정이자 100 (상여 등)
3	소득금액에 미치는 영향 100 (1+2)	소득금액에 미치는 영향 100 (1+2)

한편 위와 같이 약정이 없는 경우로서 세무상으로 계산된 인정이자에 대하여는 그 지급하는 자의 이자지급에 관한 법적의무 자체가 성립하지 않기 때문에, 이자에 대한 원천징수 및 지급명세서 제출의무는 없다.

방 "세무사님, 장보원 세무사 칼럼을 보니까, 그냥 지금이라도 회사와 자금대여계약 및 이자약정을 소급해서 작성하면 크게 문제가 없지 않을까요?"

허 "왜?"

방 "인정이자 약정이 있었다고 가정하면 제가 결산시 이자계산한 것도 맞고, 세무사님도 그 이자를 익금에서 제외하지 않고 이자발생연도에 법인세 신고납부도 했구요. 단지, 장사장님이 이자를 실제 변제하지 않았지만 이자를 갚았다가 바로 가지급금으로 빼 간 것으로 해 둔 저희 회계처리도 문제가 없잖아요. 이자발생연도에 법인세를 신고납부했으면, 이자지급시 원천징수를 안 해도 된다면서요."

허 "오호, 똑똑하구먼. 그런데 가지급금에 대해 원금 및 이자의 상환기간 및 이자율의 약정이 없는 경우로서 결산시 가공이자를 계산한 경우의 세무조정은 읽어봤어요?"

방 "읽어봤는데, 법인세에 미치는 영향은 없고 약정이 있냐 없냐에 따라 장사장님께 인정이자만큼 인정상여처분하는 게 다르던데요. 그냥 약정서를 소급해서 만들면 되는 거 아닌가요?"

허 "아, 그 칼럼 뒤편에 나오는 조세심판사례, 장사장한데 넣어 준 건데 이거 봐봐…. 약정을 했더라도 이자발생일이 속하는 사업연도 종료일로부터 1년 이내에 약정이자를 안 받으면 상여처분받아요. 미수이자를 가지급금으로 돌려막기가 다 되는 게 아니라구."

❑ 조심 2015중5390, 2016. 1. 7. 외 다수

청구법인통장의 자금이 대표이사 등에게 송금되었다가 즉시 회수된 것으로 나타나고 있어 쟁점미수이자를 실제 회수한 것으로 보기 어려운 점, (중략) 등에 비추어 쟁점미수이자에 대하여 이자발생일이 속하는 사업연도 종료일로부터 1년이 되는 날까지 현금 회수되지 아니한 것으로 보아 대표이사 등에 대한 상여로 소득처분하여 소득금액변동통지한 처분은 잘못이 없음.

제 5 화

가지급금에 뒤통수 맞은 사연 셋 – 인정이자는 근로소득

가지급금 인정이자의 소득처분

많은 법인이 대표이사의 가지급금 문제로 고민을 한다. 특히 매년 발생하는 가지급금의 인정이자를 대표이사로부터 어떻게 회수하느냐? 만일 회수하지 못하면 어떻게 사후관리해야 하느냐가 실무자들에게는 더 고민스럽다.

가지급금 등의 처리기준을 규정한 법인세법 기본통칙 4-0…6 【가지급금 등의 처리기준】을 정리해 보자면, 특수관계인과의 자금거래에서 발생한 가지급금 등과 동 이자상당액이 다음에 해당하는 경우에는 이를 특수관계인에게 지급한 상여 또는 배당 등으로 보아 소득처분하도록 되어 있다. 즉, 가지급금의 인정이자를 이자발생일이 속하는 사업연도 종료일로부터 1년 이내에 갚지 아니하면, 개인에게 소득세가 부과된다는 것이다.

① 특수관계가 소멸할 때까지 회수되지 아니한 가지급금 등과 미수이자는 특수관계가 소멸한 시점에 소득처분한 것으로 본다. ② 특수관계가 계속되는 경우 이자발생일이 속하는 사업연도 종료일로부터 1년이 되는 날까지 회수하지 아니한 미수이자는 그 1년이 되는 날에 소득처분한 것으로 본다.

다만, 회수하지 아니한 정당한 사유가 있거나 회수할 것임이 객관적으로 입증되는 경우에는 그러하지 아니한데, 그 사유는 다음과 같이 매우 제한적이다.

① 채권 · 채무에 대한 쟁송으로 회수가 불가능한 상태에 있는 경우 ② 회수할 채권에 상당하는 재산의 담보제공 또는 소유재산에 대한 강제집행으로 채권을 확보하고 있는 경우 ③ 당해 채권과 상계가능한 채무를 보유하고 있는 경우 ④ 기타 위와 유사한 사유에 해당하는 경우

결국 법인으로부터 가지급금을 빌려 간 대표이사는 약정이자를 이자발생일이 속하는 사업연도 종료일로부터 1년 내에 법인에 갚아야 하고, 이를 이행하지 아니하면 변제하지 아니한 이자상당액이 인정상여 등으로 처분되어 대표이사에게 추가적인 소득세를 물리게 된다.

그러나 실제로 이자발생일이 속하는 사업연도 종료일로부터 1년 이내에 이자를 변제하지 않는 경우가 상당히 많은데, 실제 세무 실무현장에서는 바로 대표이사에게 추가적인 소득세를 물리는 대신, 앞서 '장사장'의 사례에서처럼 이자를 매년 갚고 같은 금액을 다시 가지급금으로 빌려간 것처럼, 즉 인정이자를 가지급금 원본에 얹는 식으로 회계처리하고서 그대로 세무처리를 종결하기도 한다.

(올해 말) 미수이자 100 / 이자수익 100
(이듬해) 가지급금 100 / 미수이자 100 ► 미수이자를 가지급금으로 대체

그러나 조심2015중5390, 2016. 1. 7. 등 심판례에 따른다면 이런 식의 회계처리로 가지급금 인정이자를 갚았다고 할 수 없으니, 세법상 상여처분을 면할 수 있는 것은 아니다. 결국 허세무사는 장사장에게 이를 솔직히 털어 놓는다.

허 "장사장님, 또 전화드립니다."

장 "네, 전화를 기다렸어요. 아까 급한 일이 있다고 갑자기 끊으시는 바람에요."

허 "우리 직원이 사장님이 법인에 갚으셔야 하는 가지급금 인정이자를 갚도록 조치하지 못하고 계속 그 이자를 가지급금 원본에 산입하는 방식으로 땜빵 처리했습니다. 이 점 매우 죄송합니다."

장 "그게 뭐 문제인가요? 내가 이자를 갚고 바로 다시 빌리면 그것도 문제가 되나요?"

허 "이자를 갚았다가 바로 가지급금으로 회수해 가도 실질적으로 가지급금 인정이자를 갚지 않은 사실은 변함이 없습니다. 아무튼

앞서 3년간 이자를 갚지 않으셨으니 저희 사무소에서 사장님의 근로소득세를 다시 정산해서 추가적으로 납부할 세금을 정리해 드리겠습니다."

장 "어휴, 그런데 그게 꼭 근로소득세로 정산해야 하는 특별한 이유라도 있습니까?"

허 "국세청 유권해석(법인세법 기본통칙 67-106…10)이 그렇습니다. 가지급금 인정이자를 제때 안 갚은 분이 임원이면 상여, 주주면 배당, 사업하시는 분이면 특별히 소득세는 없고, 그 외의 분이라면 기타소득이라는 것으로 소득을 구분하면서…."

장 "전 사장이면서 주주인데요? 그럼 상여로 보나요? 아니면 배당으로 보나요?"

허 "출자한 임원은 상여로 봅니다. 그래서 근로소득세를 정산하려고요…."

장 "아참, 저는 개인사업을 했었는데 그러면 특별히 소득세는 없는건가요?"

허 "그건 그 뜻이 아니라 법인사업자와 특수관계 있는 개인사업자가 가지급금을 빌려다가 인정이자를 안 갚는 경우에는 그 개인사업자가 가지급금의 이자비용으로 처리한 것을 세무상 부인하는 방식으로 종합소득세를 정산한다는 의미랍니다.* 사장님은 현재 개인사업자가 아니고, 단지 법인의 임원이시죠. 해당사항이 없습니다."

* 법인세법 기본통칙 4-0…6【가지급금 등의 처리기준】④ 제1항의 규정에 의하여 처분한 것으로 보는 미수이자에 상당하는 다른 상대방의 미지급이자는 이를 실제로 지급할 때까지는 채무로 보지 아니한다. 따라서 동 미지급이자는 그 발생일이 속하는 사업연도 종료일부터 1년이 되는 날이 속하는 사업연도의 소득금액 계산상 익금에 산입하고, 동 미지급이자를 실제로 지급하는 사업연도의 소득금액 계산상 손금에 산입한다.

장 "생각보다 세법이 정교하구먼…. 아무튼 그게 맞다면 어쩔 수 없지요. 근로소득세를 정산해서 납부서를 주세요. 다만, 가산세 같은 게 있습니까?"

허 "소득처분에 의한 배당 · 상여 및 기타소득의 지급시기의제라는 규정이 있거든요. 장사장님이 가지급금 인정이자를 갚지 않은 실제 이득은 매년마다 보신 거지만, 그 소득의 지급시기를 세법상 의제 규정으로 정한 건데, 세무서가 통지하게 되면 그 통지일에 소득을 지급한 것으로 보고 납세자 스스로 신고나 수정신고하게 되면 그 신고일에 소득을 지급한 것으로 보게 되거든요. 따라서 저희가 자진신고한다면 과거 3~4년 치의 사장님 근로소득만 재정산해서 추가적인 근로소득세만 내시면 되고, 신고에 따라 제때에 정산한 것으로 보기 때문에 가산세는 없습니다."

이렇듯 인정상여 등 소득의 지급시기는 과세관청의 결정(또는 경정)의 경우에는 소득금액변동통지서를 받은 날, 법인이 신고(또는 수정신고)한 경우에는 당해 법인의 법인세 신고기일(또는 수정신고)에 소득이 지급된 것으로 보기 때문에, 회사가 지급시기의제일(통지일 또는 신고일)의 다음 달 10일까지 근로소득 재정산에 따른 추가적인 근로소득세 원천징수세금만 납부하면 별도의 가산세를 적용하지 않는다.

그런데 만일 근로소득 외에 종합소득이 있는 경우라면 법인이 근로소득의 재정산에 의하여 추가적으로 원천징수한 근로소득세금 외에, 종합소득자 스스로 소득금액변동통지일 또는 신고일이 속하는 달의 다음다음 달 말일까지 종합소득세를 추가신고 자진납부하여야 한다. 이 경우에도 당초 종합소득세 신고기한 내에 신고·납부한 것으로 간주하기 때문에 별도의 가산세는 적용하지 않는다.

장 "허허, 과거부터 급여받은 것도 없었는데 세금이 얼마나 되겠어요. 아무튼 그리 하시죠. 그런데 법인세는 있어요?"

허 "그게 그러니까, 여태껏 가지급금 인정이자를 매년 법인의 영업외수익으로 계산해서 법인세는 이미 다 낸 것입니다. 더 낼 것은 없어요. 단지, 이제 제가 할 일은 사장님이 법인으로부터 매년 2억원씩 가지급금을 빌려가시고 인정이자를 갚은 사실이 없으니 가지급금 인정이자를 상여로 보아 매년 근로소득세를 수정하는 일이죠."

위의 사례를 예로 들자면 1년 차분 세무조정은 (손금산입) 가지급금 9,200,000원 (△유보), (익금산입) 인정이자 9,200,000원(상여)이 된다. 그 세무조정시기는 이자약정이 있었다면 이자발생일이 속하는 사업연도 종료일로부터 1년이 되는 날이 될 것이고, 이자약정이 없었다면 이자발생일이 속하는 사업연도가 될 것이다.

몇 시간 뒤, 허세무사는 장사장에게 지난 4년간의 인정이자 리스트라면서 한 장의 문서를 팩스로 보낸다.

(단위: 원)

구분	연간 가지급금	누적 가지급금	인정 이자율	인정이자	회계상 가지급금
1년	200,000,000	200,000,000	4.60%	9,200,000 (상여)	209,200,000
2년	200,000,000	400,000,000	4.60%	18,400,000 (상여)	427,600,000
3년	200,000,000	600,000,000	4.60%	27,600,000 (상여)	655,200,000
4년	200,000,000	800,000,000	4.60%	36,800,000 (상여)	892,000,000
계				92,000,000 (상여)	92,000,000 (△유보)

장 '1년 차 때는 적었던 인정이자가 그새 많이 불어났구먼… 4년 차가 되니 연봉이 3.68천만 원인 사람의 근로소득세를 내는 경우가 되었어…. 게다가 이 인정이자가 법인의 영업외 수익이 되어 법인세도 냈다니, 이렇게 따지면 개인사업의 종합소득세를 줄이기 위해 법인사업을 한 보람이 없구먼….'

장사장은 뭔가 큰 궁금증이 생겨서 허세무사에게 전화를 건다.

장 "보내주신 문서는 잘 보았습니다. 이제 가지급금 2억 원을 한 번 더 집어갔다가는 인정이자만 연 4.6천만 원(=10억 원×4.6%)에 이르겠군요. 연봉 한 푼 안 받아도 세무적으로는 연봉 4.6천만 원짜리 대표이사가 된 것이구먼요."

허 "허허, 그러게요. 이 가지급금은 사장님뿐만 아니라 대다수 중소기업의 골칫거리예요. 불필요하게 세금을 늘리는 말썽꾸러기 계정과목입니다."

장 "그러니까 제가 묻고 싶은 게 그거예요. 저는 법인사업을 하면서 절세를 하려면 필요한 돈을 배당이나 급여(또는 상여)가 아닌 가지급금으로 가져가야 한다는 말만 믿다가 이런 모양이 되어 버렸네요. 그런데 이 골칫덩이 가지급금을 안 갚으면 어떻게 됩니까? 그냥 안 갚기로 하면요…."

허 "가지급금을 안 갚는 날이라면, 법인이 폐업 또는 청산하게 되는 시점에 그런 결과가 나올텐데요, 세법은 특수관계가 소멸할 때까지 회수되지 아니한 가지급금 등과 미수이자는 특수관계가 소멸한 시점에 소득처분한 것으로 본다고 규정하고 있어요."

장 "어휴, 그럼 현재 가지급금 8억 원을 안 갚고 폐업하면 8억 원의 상여를 한꺼번에 받았다고 봐서 근로소득세를 낸다는 말입니까?"

허 "허허, 그렇죠. 아무튼 이 가지급금의 고리를 끊어내는 게 쉬운 일이 아닙니다."

제 6 화

가지급금에 뒤통수 맞은 사연 넷 – 이자비용이 소용없다

업무무관 가지급금 지급이자 손금불산입

장사장은 허세무사로부터 그간의 가지급금 인정이자에 대한 근로소득 원천징수세액의 납부서를 받아보고는 한숨을 쉬었다. '어휴, 어차피 이런 거였으면 개인사업으로 계속할 걸…. 지난 몇 년간 사업소득에 대해 법인세로 적게 냈다고 좋아라한 내가 바보였어….'

그런데 설상가상 그해 장사장의 사업이 급격히 나빠지기 시작했다. 매년 2억 원 이상 현금이 남았던 사업이었는데, 이제는 자금부족이 발생하게 된 것이다. 그리하여 장사장은 거래은행으로부터 여태까지의 법인 신용을 바탕으로 이자율 5%의 신용대출 5억 원을 운전자금으로 차입하게 되었다.

그리고 그해 (주)○○실업의 당기순이익은 0원으로 결산이 되었다. 그런데 다음 해 3월, 법인세무조정을 마친 세무사무실로부터 법인세 납부서가 날아왔다. 장사장은 당기순이익이 없어서 법인세 부담이 별로 없을거라고 생각했는데, 의외로 7백만 원 가까운 법인세와 지방소득세 납부서를 받아들게 되었다. 의아한 생각이 든 장사장은 세무사무실로 전화를 했다.

장 "거기 허현무 세무사 사무실이죠? 저는 (주)○○실업 장사장이라고 하는데요, 저희 회사 담당인 방미선 대리 좀 부탁드립니다."

방 "제가 방대리입니다. 사장님."

장 "방대리님, 다름이 아니고 법인세 납부해야 한다면서 한 7백만 원 정도 되는 납부서를 보내셨는데, 제가 올해 이익이 없지 않나요? 전 급여도 안 받아가니 실제로는 엄청나게 손실을 본 셈인데…."

방 "그러게요, 회계상의 당기순이익은 0원이에요. 그런데 가지급금 인정이자가 3.68천만 원(= 8억 원×4.6%) 나오고, 연초에 빌리신 운전자금 5억 원의 이자비용 2.5천만 원이 세무상으로 비용이 부인되어서 법인소득금액이 6천만 원 이상 나오셨거든요. 그러니 법인세가 6백만 원 이상 나오고, 지방소득세도 6십만 원 이상 나오게 되었어요."

장 "그게 무슨 소리예요? 내가 가지급금 인정이자에 대해 법인세를 낸다는 건 작년에 알았소만, 은행이자로 경비처리가 안 된다는 건가요?"

방 "제가 책에서 배운 대로는 그러한데, 자세한 것은 허세무사님과 통화해 보시죠. 전화 바꿔 드릴께요."

방대리는 급히 전화를 허세무사에게 돌려준다.

방 "허세무사님, (주)○○실업 장사장님이에요. 급히 여쭐 것이 있다고 하니 전화받아보세요."

허세무사는 법인 세무조정리스트를 정리하다가 갑작스레 장사장의 전화를 돌려받는다.

허 "안녕하세요, 장사장님. 늦었지만 새해 복많이 받으시기 바랍니다."

장 "작년 이맘 때 통화드리고 오랜만입니다. 그때 골치 아픈 가지급금 때문에 근로소득세를 더 낸 기억이 있어 그로부터는 가지급금을 더는 가져가지 않았는데, 세금이 생각보다 많이 나왔어요."

허 "네, 제가 법인 세무조정리스트를 정리하다 보니 (주)○○실업이 작년 당기순이익이 없구먼요, 게다가 사장님은 월급도 안받으시고 가지급금으로 생활하셨는데. 작년에는 가지급금도 안 가져가셨는데 법인세까지 나오니 이래저래 힘드셨겠습니다."

장 "사업하면서 작년같이 힘든 해는 없었는데, 지금도 계속 좋지가 않아요. 그런데 법인세로 7백만 원 가까이 내라고 하니, 제가 너무 황당해서요."

그새 방대리가 장사장이 가지급금 인정이자 3.68천만 원과 지급이자 손비부인액 2.5천만 원 때문에 법인세를 부담하게 되었다는 쪽지를 허세무사 책상 위에 슬그머니 올려 둔다.

허 "허허… 손익계산서를 보니까 당기순이익은 없는데, 사장님도 익히 아시는 가지급금 인정이자만큼의 영업외수익과 영업외비용 중 이자비용이 전부 부인되어서 법인소득금액이 6천만 원 이상 나왔네요."

장 "그러니까, 가지급금 인정이자의 영업외수익이란 말은 이제 나도 아는데. 이자비용이 부인된다는 말이 뭡니까?"

허 "그러니까, 제가 가지급금은 골칫덩어리라고 했잖습니까. 세법은 은행차입금이 있는 회사가 가지급금도 있으면 일단 가지급금에 달하는 은행차입금에 대한 이자를 세무상 경비(손비)로 인정하지 않아요. (주)○○실업에 사장님이 가져간 가지급금이 8억 원이 있어요. 그리고 은행차입금이 5억 원이 있네요. 쉽게 말해 세법은 (주)○○실업이 은행차입금 5억 원을 빌려다가 사장님의 가지급금으로 다 썼다고 보는 거예요."

장 "아니, 내가 가지급금을 가져간 건 지난 4년 간의 일이고, 은행차입 이후에는 가지급금을 가져간 일도 없는데 그렇단 말입니까? 이건 너무 억울한 일 아니요."

허 "억울한 일일 수도 있을테지만… 만일 사장님께서 가지급금 8억 원을 가져가시지만 않았어도 은행에서 차입할 일이 없는 것은 사실이잖습니까?"

허세무사의 얘기에 순간 장사장은 '허, 그렇구먼….' 하면서 힘이 빠진다.

법인이 대표이사 등 특수관계인에게 업무와 관련없이 회사의 자금을 대여한 경우로서 차입금 이자가 있는 경우에는, 법인세 신고시 다음의 금액을 손금불산입하고 기타사외유출처분하여야 한다.

지급이자 손금불산입액

$$= 지급이자 \times \frac{업무무관(부동산\ 적수+동산\ 적수+가지급금\ 적수)}{차입금\ 적수}$$

* 적수란 차입금, 부동산, 동산 등의 매일 잔액을 1회계기간 동안 모두 합한 금액으로 한다.

지급이자의 손금불산입 규정 적용시 차입금이란, 명목 여하에 관계없이 지급이자 및 할인료를 부담하는 모든 부채를 말한다. 이 경우 상품, 제품 등을 매출하고 받은 상업어음을 할인한 경우의 할인어음은 차입금으로 보지 아니하고, 금융리스에 의한 리스료 중 유효이자율법에 따라 계산한 이자상당액을 제외한 금액(상환액은 제외한다)은 차입금에 포함한다. 다만, 몇 가지 수수료적인 성격이 있는 이자는 제외하는 바 이를 표로 구분하면 다음과 같다.

지급이자에 포함되는 것	지급이자에 포함되지 않는 것
1. 금융어음 할인료 2. 미지급이자 3. 금융리스료 중 이자상당액 4. 사채할인발행차금 상각액 5. 전환사채의 만기보유자에게 지급하는 상환할증금 6. 회생계획인가결정에 의해 면제받은 미지급이자	1. 상업어음 할인액(기업회계기준에 따라 매각거래로 보는 경우) 2. 선급이자 3. 현재가치할인차금 상각액 4. 연지급수입에 있어서 취득가액과 구분하여 지급이자로 계상한 금액(Banker's Usance 이자 등) 5. 지급보증료 · 신용보증료 · 지급수수료 6. 금융기관의 차입금을 조기 상환하는 경우 지급하는 조기상환수수료

장 "듣고 보니 일리가 있네요. 그런데 만일 제가 지난 5년간 매년 약 2억 원을 가지급금으로 가져간 것을 급여로 가져갔다면 어땠을까요?"

허 "매년 (주)○○실업의 당기순이익이 2억 원이었는데 사장님께서 그만큼을 연봉으로 가져가셨으면 당기순이익은 '0'이었을 것이고, 연봉에 대해 근로소득세만 내셨겠죠."

장 "그러면 이렇게 사업이 안 좋은 때에 은행차입금을 받고 그 이자를 지급한 것은 세무상 비용처리가 되나요?"

허 "가지급금이 없는 상태라면 세무상 비용처리가 당연히 되죠."

장 "그럼 지난 번에 가지급금을 끝까지 안 갚으면 상여처리되어 소득세를 낸다고 하셨으니 결국 가지급금을 만들어서 소득세를 절세한 것도 없고, 오히려 이렇게 엉뚱한 허수의 이익으로 법인세만 많이 내는 거였군요."

허 "뭐, 가지급금이 있으면 그렇습니다."

갑자기 장사장은 그 옛날 법인사업을 하면서 세금을 절세하라고 했던 변사장이 떠올랐다.

'도대체 그는 왜 내게 그런 말을 했을까?'

제 7 화

가지급금에 뒤통수 맞은 사연 다섯 – 가지급금은 비용처리없다

가지급금의 대손충당금, 대손금 손금불산입

대부분의 가지급금은 회삿돈을 임직원, 주로 대주주나 대표이사가 인출해가면서 별도의 사용처를 밝히지 않고 그저 회사로부터 빌려간 돈으로 처리할 때 쓰는 회계계정과목이다.

그러나 회계이론에 따르면 가지급금은, 현금지급은 이루어졌으나 어디에 어떻게 쓰일지 몰라서 회계처리상 용도를 명시하지 않은 지출금을 임시로 회계처리할 때 사용한다.

그래서 기업회계기준에서는 주주나 임원 등이 가져간 가지급금을 '주주, 임원, 종업원단기채권'이라는 계정과목으로 해서 빌려간 돈으로 처리한다. 줄여서 '주 · 임 · 종 · 단기채권'이라고 부른다. 다만, 법인 입장에서는 빌려 준 돈이기 때문에 차입자에 따라 같은 가지급금이라도 '주 · 임 · 종 · 단기채권'이 아닌 '장 · 단기대여금'으로 회계처리하기도 한다.

그런데 이러한 '주 · 임 · 종 · 단기채권'이나 '장 · 단기대여금'도 회수하지 못할 가능성(대손가능성)이 있는 만큼 기업회계기준에서는 대손충당금을 쌓아서, 만약의 경우 미회수시 일시에 발생한 손실을 미리 회계상 경비로 반영하기도 한다.

허현무 세무사무실의 방미선 대리는 12월 말 기준 결산법인의 결산을 하면서, 문득 "왜 세무사무실에서는 법인결산을 하면서 각종 채권에 대해서 1%만큼의 대손충당금을 적립하는 걸까?"라는 의문이 들었다.

방 "세무사님, 제가 결산을 하다가 문득 궁금한 게 있어서요."

허 "똑똑박사 방대리께서 웬일로 제게 궁금한 것이 있다고 하시네요? 뭔가요?"

방 "그게요, 왜 우리가 법인결산할 때 외상매출금이나 받을어음, 장 · 단기대여금 등 각종 채권에 1%의 대손충당금을 적립해서 경비처리하잖요? 그런데 다른 큰 회사들의 공시된 재무제표를 보면 대손충당금이 채권의 1%가 아니던데요. 왜 우리는 1%만 적립할까요?"

허 "좋은 질문이네. 왜 1%인지 얘기를 하기 전에 대손충당금이 뭔가부터 얘기하는 게 순서가 아닐까?"

방 "네, 대손충당금이 정확히 뭔가요?"

허 "대손충당금은 장부상의 매출채권 · 대여금 · 기타 이에 준하는 채권을 평가하는 회계계정으로, 미래에 발생할 대손(미회수손실)에 추산해서 당해 채권에서 차감하는 방식으로 표기해 두는 것이지. 그럼 매년도 각 채권의 대손충당금의 증감액이 손익계산서에 대손상각비로 손실 또는 이익처리가 되겠지."

방 "그런데 왜 우리는 매년 채권액의 1%를 대손충당금으로 쌓죠?"

허 "그 얘기를 하기 전에 대손충당금을 설정할 수 있는 채권과 아닌 채권에 대해 얘기해 보자구."

방 "왜 1%인지만 얘기해 주면 되는데…."

허 "방대리가 오랜만에 질문을 해 줘서 내가 하고 싶은 얘기가 많아서 그렇지. 아무튼 일반기업회계기준에서는 회수가 불확실한 금융자산(유가증권 적용대상 금융자산은 제외)은 합리적이고 객관적인 기준에 따라 산출한 대손추산액을 대손충당금으로 설정한다고 규정하더라구."

방 "합리적이고 객관적인 기준이 뭔가요?"

허 "그걸 낸들 아나? 바로 받을 수 있다고 생각하는 건 다 받는다고 평가해 보고, 아주 안 주고 버티는 것들은 한 절반씩 못 받는다고 버리고, 그런 방식의 합리적 기준을 세우면 되겠지. 아무튼 일반기업회계기준에서는 유가증권 적용대상 금융자산을 제외하고 금융자산에 대하여 대손충당금을 설정한다고 하니까, 각종 채권에 대해서 대손충당금을 잡으면 되겠지. 그러나 회계가 대손충당금을 잡는다고 세법도 다 인정해 주는 건 아니거든."

방 "여태껏 그런 건 모르고 매출채권, 대여금에 다 1%씩 대손충당금을 잡았었는데요."

허 "음, 맞어. 그렇지만 일반적으로 채무보증 섰다가 물어주게 돼서 갖는 구상채권이나 특수관계인에 대한 업무무관가지급금, 부당행위에 적용된 시가초과채권, 기업회계기준상 매각거래에 해당하는 할인어음이나 배서어음(재법인 46012-180, 2001. 10. 17.), 수탁판매법인이 보유하는 수탁물품의 판매금액(국심 89서141, 1989. 4. 27.), 법인세법상 익금의 귀속시기가 도래하지 아니한 미수이자(서이 46012-10667, 2003. 3. 31.)에 대해서는 회계상 설정된 대손충당금을 세법상 인정하지 않아."

방 "세무사님이 말씀하신 것 중에 알아들을 수 있는 채권은 업무무관가지급금 밖에 없네요. 그럼, 제가 해본 일로서는 회계와 세법이 다르지는 않은 거죠?"

허 "빙고, 사실 채무보증 구상채권하고 특수관계인에 대한 업무무관가지급금에 대해서 대손충당금 설정채권으로 인정하지 않는다는 것만 알면 일하는데 지장은 없지."

방 "세무사님, 왜 우리는 대손충당금이 매출채권의 1%냐고 물었는데요?"

허 "허허, 그렇네. 그건 뭐 아까처럼 대손추산액이라는 것이 합리적이고 객관적인 기준에 따라 산출된다지만 다 제 맘대로 인거라, 세법에서는 대손추산의 자의성을 배제하기 위하여 기말의 외상매출금·대여금 또는 미수금 기타 이에 준하는 채권의 합계액에 대하여 1%에 상당하는 금액과 대손실적률을 곱하여 계산한 금액 중 큰 금액을 한도로 하는 대손충당금을 손금(또는 필요경비)으로 인정하는 거지. 왜 1%냐구? 그런 걸 매직넘버라고 하는데, 그냥 법을 만든 사람들이 그렇게 한 거야."

방 ‘에이, 싱거운 얘기를 빙빙 돌려서 말씀하셨네.’

그런데 사실 별것이 아닌 얘기지만, 방미선 대리는 갑자기 더 큰 궁금증이 생겼다.

방 “방금 세무사님께서 세법상 대손충당금의 한도는 채권의 합계액의 1%라고 하셨는데요? 그러면 제가 매출채권 1,000에 대해서는 대손충당금을 잡지 않고 가지급금 10에 대해서는 10만큼 대손충당금을 잡아서 대손상각비로 10을 처리해 두었다면, 그 대손상각비 10은 가지급금이 세법상 대손충당금 설정제외채권이니까 세무상 손비부인하는 것이 맞나요? 아니면 대손충당금 설정채권의 1%가 10이니까 그 한도 내에 대손상각비로 보아 세무상 손비인정하는 것이 맞나요?”

허세무사는 방대리의 갑작스런 질문에 난감한 표정을 짓는다.

허 “늘 그렇지만 꼭 세법질문이라는 게 비현실적이지만 전혀 없을 것 같지 않은 상황에 대해 묻더라구. 하지만 난 세법 AI(인공지능)가 아니야. 잠시만, 아마도 국세청에 그런 질문을 한 사람들이 꼭 있을거야. 기다려봐.”

허세무사는 삼일아이닷컴의 유권해석을 찾으면서 이것저것 뒤지다가 방대리에게 프린트물 한 장을 출력해서 준다.

□ 서이 46012-10667, 2003. 3. 31.

【질의】

법인이 장부상 수익으로 계상한 기간경과분 미수이자(원천징수대상임)에 대하여 대손충당금을 계상하고, 동 미수이자에 대하여 법인세법에 의거 손익귀속시기 미도래로 익금불산입(유보) 세무조정함.

1. 이 경우 미수이자가 대손충당금 설정대상채권에 해당되는지.
2. 만약, 해당되지 않는다면 당해 미수이자를 포함한 채권에 대하여 장부상 계상한 대손충당금이 법인세법의 대손충당금 손금범위 이내인 경우 당해 미수이자에 대하여 설정한 대손충당금을 당기의 손금으로 산입할 수 있는지.

【회신】

법인세법 시행령 제61조 제1항 각호에 규정된 채권 중 법인세법상 익금의 귀속시기가 도래하지 아니한 미수이자의 경우에는 대손충당금의 설정대상이 되는 채권잔액에 포함되지 아니하는 것이며, 이 경우 법인세법 제34조 제1항의 규정에 의한 **대손충당금의 손금산입 한도액은** 같은 법 시행령 제61조 제2항의 규정에 의하여 동조 제1항 각호에 규정된 **'채권의 장부가액의 합계액'을 기준으로 계산하는 것으로 법인이 손금으로 계상한 대손충당금의 합계액이 동 손금산입 한도액을 초과하지 않는 경우에는 그 손금계상액 전액을 손금에 산입하는 것임.**

방 "아, 회신을 보니 어쨌든 대손충당금 한도계산은 채권의 장부가액의 합계액 기준으로 판단하니까 결국 한도 내에 있으면 대손충당금 설정제외채권의 대손상각비도 세무상 손비로 인정된다는 얘기네요?"

허 "현재 해석은 그렇다고 봐야지…. 내 생각은 좀 다르지만 말이야…. 그런데 꼭 그렇게 일을 해야 기분이 좋은가?"

방 "아뇨, 객관적이고 합리적인 기준에 따라 무조건 회수가능한 채권에 대해서는 대손충당금을 안 쌓고, 장사장님 회사의 가지급금처럼 한 번도 갚지 않은 가지급금에 대해서는 대손충당금을 많이 쌓았을 때, 혹시 세금적으로 장사장님한테 피해를 줄 수도 있나 이런 생각이 들어서요."

허 "으음, 역시 착한 똑똑박사구먼. 그런데 이미 그분은 가지급금의 깊숙한 수렁에 빠진 것 같아. 소규모 법인인데도 가지급금이 아마 10억 원 가까이 되지? 그렇게 쌓이기 전에 적당히 급여로 가져가시지. 왜 그랬을까?"

제 8 화

가지급금에 뒤통수 맞은 사연 여섯 – 가지급금은 불량자산

기업진단과 신용평가시 가지급금의 취급

허세무사나 방대리나 소규모 법인임에도 가지급금이 10억 원 가까이 되는 (주)○○실업의 장사장이 걱정되는지, 가지급금에 대한 대손충당금 이야기를 하다가 또 장사장의 가지급금 이야기를 하게 된다.

방대리가 마침 (주)○○실업의 결산을 보고 있던 터라, 허세무사의 질문에 쉽게 답할 수 있었다.

방 "(주)○○실업의 가지급금이 그새 또 2억 원이 늘어서 이제는 10억 원이 되었네요. 세무사님은 숫자를 너무 오래 다루시다보니 도사가 되신 것 같아요."

허 "내가 세무사하면서 가지급금이 해마다 늘면 늘었지, 줄어드는 적을 못 봤어. 아마 지난 해 8억 원이나 되었는데 또 그새 늘 것 같더라니…."

방 "작년 실적을 결산해 보니 또 당기순이익이 0원이더라구요. 그래서 또 월급 대신 가지급금으로 2억 원을 가져가신 것 같아요. 만일 월급으로 가져가셨으면 순손실이 2억 원이었겠죠? 하지만 신용대출 이자비용 2.5천만 원하고, 가지급금 인정이자가 4천만 원 정도 되던데, 그럼 법인세로 또 7백만 원 정도 내겠어요…."

허 "법인세도 법인세지만 가지급금 10억 원을 갚으려면 월급이라도 만들어서 갚으시던가 해야 하는데 이도저도 안 되고 어렵구먼…."

방 "그러게요. 그런데 그 가지급금을 장사장께서 끝내 못 갚으면 그건 대손처리는 되나요?"

허 "결국 못 갚으면 법인의 회계처리야 대손상각비로 비용처리할 수는 있지만, 세법상은 가지급금의 대손금을 인정하지 않거든. 그러니까 세법상은 가지급금 대손상각비 10억 원을 손금불산입하고, 소득처분은 10억 원 대표자 상여가 되겠지? 그러면 그날이 세금 폭탄 터지는 날이지 뭐."

(익금산입) 가지급금 및 인정이자 잔액 10억 원 (대표자 상여)

대손금이란, 소멸시효완성 등의 사유로 회수할 수 없는 채권금액을 말한다. 회계상은 회수가 불가능한 채권이 발생하면 대손충당금과 상계하고, 대손충당금이 부족한 경우에는 그 부족액을 대손상각비로 처리한다. 그러나 세법은 대손사유, 대손채권의 범위 및 대손금의 귀속시기에 대하

여 엄격하게 규정하고 보수적으로 해석하고 있으며, 앞서 대손충당금 설정제외채권과 같이 채무보증으로 인하여 발생한 구상채권과 특수관계인에 대한 업무무관가지급금, 특수관계인에게 처분된 소득에 대한 소득세 대납액을 가지급금 등으로 계상한 경우(법기통 19의2-19의2…4), 약정에 의하여 채권의 전부 또는 일부를 포기한 금액(법기통 19의2-19의2…5)에 대해서는 대손금을 인정하지 아니한다.

한편, 장사장은 곧 돌아올 법인세 신고기한을 맞아 고민에 빠져 있었다.

장 '올해는 법인세가 얼마나 될라나? 재작년이나 작년이나 월급도 안 가져 갔는데 당기순이익이 0원이었지. 사실상 회사가 손실을 보고 있다는 건데… 은행 빚은 내서 결국 나의 가지급금으로 빼가는 형국이네… 그러나 월급으로 가져가면 영업손실이 날테고 신용이 나빠져 은행거래나 입찰을 보기도 어려울 것 같고….'

그러던 중 ○○은행으로부터 전화가 왔다.

B "(주)○○실업이죠? 장사장님 계신지요?"

장 "네, 제가 장사장인데 실례지만 어디신가요?"

B "사장님, ○○은행입니다. 작년에 빌려가신 신용대출 5억 원의 만기가 조만간 도래해서요, 관행적으로 여신 재심사를 하려고 합니다."

장 "여신 재심사를 해서 그 대출금액을 바로 회수해 가나요?"

장사장은 흠칫 놀라서 되묻는다.

B "그건 아니고요, 신용평가에 따라 이자율의 미세조정이 있지 않을까 싶습니다만…."

장 "아, 그래요. 그럼 사실상 대출 연장인 거군요. 그럼 어떤 서류를 보내드리면 되나요?"

B "거래하시는 세무사무실 전화번호 주시면 제가 전화해서 서류 받겠습니다."

장사장은 허세무사의 전화번호를 알려주고는 상념에 빠진다.

장 '개인사업할 때 연간 2억 원씩 남길 때는 세금을 많이 낸 것도 같지만 뒤끝은 없었어. 은행이 소득금액증명을 요청해서 가져가면 개인신용을 만들기도 좋았고, 조달청이 실시하는 입찰을 볼 때도 실적이 좋아보였는데… 법인으로 전환하고서 연간 2억 원씩 같은 실적이었지만 실제 월급으로 가져가지 않았으니 그 실적을 유지한 거였지. 이제는 사실상 사업으로 돈을 벌고 있지 못하고 월급을 책정해서 회사에서 돈을 가져가기도 힘들고 여전히 가지급금은 줄어들 기미가 없고….'

장사장은 재작년부터 사업에서 사실상 손실을 보고 있어 신용대출을 받았고 더 이상 가지급금으로 회삿돈을 가져가지 않고 월급을 만들어서 정당하게 가져가리라 마음을 먹었지만, 자기의 연봉을 법인의 인건비로 처리하면 회사의 손실이 나는 상황이라 이러지도 저러지도 못하고 여전히 가지급금 형태로 생활비 등을 인출해 가서 결국 10억 원까지 가지급금이 늘어난 상태가 되었다.

장사장이 운영하는 법인회사는 개업 초기부터 얼마간 이익이 난 것처럼 보이지만 사실상 형식적인 이익잉여금이 있을 뿐, 실제 자산으로서 쌓인 것은 전혀 없었다. 단지 가지급금, 아니 주 · 임 · 종 · 단기채권으로 10억 원이 회사 장부상 자산으로 잡혀 있을 뿐이다.

그리고 이제는 월급을 안 가져가서 만든 0원의 이익, 만일 월급을 가져갔다면 영업손실인 상황이 되었다. 그러나 장사장 입장에서는 각종 입찰도 봐야 하고, 은행대출금 관리도 해야 하는 처지에 영업손실을 드러낼 수는 없는 것 아닌가?

얼마 뒤 은행으로부터 다시 전화가 왔다.

B "장사장님 계시지요? ○○은행입니다."
장 "네, 접니다만… 대출 연장은 되었나요?"
B "아 그게, 되기는 되었는데 이자율이 조금 높아졌네요."
장 "그래요. 얼마나요?"

장사장은 이미 예측이나 한 것처럼 풀죽은 목소리로 얘기한다.

B "0.5% 정도 올라서 연 5.5%입니다. 다시 실적이 좋아지면 심사요청해서 낮춰보겠습니다. 그런데 세무사무실에서 재무제표를 주는데 사장님 가지급금을 주 · 임 · 종 · 단기채권이라고 했다가 단기대여금이라고 했다가 그러던데… 그래 봐야 법인 신용평가할 때 과거 연도의 가지급금과 대여금이 계속 높은 비중으로 움직이면

자산에서 아예 제외하고 평가하니까 '헛수고' 밖에는 안 된다고 전해 주세요. 그래도 세무사무실의 여직원이 사장님 생각을 많이 하나 봅니다."

장사장은 은행과의 전화를 끊고 고마운 마음에 허세무사에게 전화를 건다.

장 "안녕하세요. 허현무 세무사님 계신가요?"

허 "네, 허현무입니다. 장사장님 되시죠?"

장 "예, 장사장입니다. 다름이 아니고 저희 회사 대출 연장 때문에 은행에서 서류요청을 해 와서 세무사무실 연락처 드렸는데, 방대리가 우리 회사 재무제표를 좋게 보이려고 가지급금을 대여금계정으로 바꾸고 그랬나 보더라구요. 은행에서 그래 봐야 아무런 의미도 없다고 하는데, 그래도 제가 방대리한테 고맙다고 하고 싶어서요."

허 "어휴, 그런 일이 있었군요. 마음은 고마운 거지만 그런 일을 하면 안 되는데 쓸데없는 일을 했네요. 실제 저희도 기업진단이라고 해서 건설업 같은 업종들 신규 창업하거나 면허갱신할 때 재무제표를 평가하거든요. 그래서 법령이 정한 실질자본금 기준에 부합하냐 여부를 따지는데, 예를 들어 가지급금은 '급여선급인 경우에만 당해 임직원의 1월 급여액 범위 내에서 인정하고 이를 초과하는 금액에 대하여는 부실자산으로 평가한다' 그런 식으로 규정하고 있어요, 기업진단요강에서요. 그걸 대여금 등 다른 것으로 숨길려고 하는 건데… 그런 식으로 숨기면 안 되는 겁니다. 각 계정별 세부내역이 담긴 원장(元帳)을 요청하면 금세 드러날 일인데… 다만, 이 건은 조금 다르지만 아무튼 제가 방대리에게 주의를 주어야겠습니다."

장 "방대리가 모르고 한 일이고 저를 도와주려고 한 일이니 이번 한 번만 눈감아 주시면 안될까요? 고맙다고 드린 전화인데 괜히 방대리만 불편하게 했네요."

허 "가지급금을 주·임·종·단기채권이나 단기대여금으로 처리한 것을 회계적으로는 틀렸다고 볼 수는 없지만, 다른 부당한 목적을 가지고 더 심한 행위를 한다면 법적인 문제가 될 수도 있습니다. 예전에 건설업 등록기준 미달을 숨기기 위해 조작된 재무제표 확인서를 제출한 건설사 관계자와 세무사 사무소가 감사원 감사에서 적발돼 행정처분을 넘어 공무집행방해 혐의로 고발되었던 사건도 있었거든요. 만일 방대리가 대여금을 넘어서 재고자산이나 매출채권으로 바꾸어 놓은 재무제표를 만들었다면, 이는 큰 문제가 되거든요. 아무튼 제가 잘 알아서 하겠습니다."

장 "그런데 이런 걸 신용평가, 기업진단이라고 하나요?"

허 "신용평가는 재무적인 것과 비재무적인 것을 다 보는 것으로 알고 있고, 기업진단은 재무상황을 보고 법령이 정한 실질자본금을 확인하는 것이라 같은 건 아닌데, 아무튼 두 개의 과정에서 모두 가지급금은 불량자산인 거죠."

기업의 신용평가란 기업의 수익성, 안정성, 성장성, 활동성과 같은 재무적 평점이나 대외적인 기업환경 등 비재무적 평점을 고려하여 기업의 신용을 등급별로 나타내는 것을 말한다. 신용평가를 통해 그 기업과 거래하려는 이해관계자와 기업 간 정보의 비대칭성을 완화시킨다는데 의의를 찾을 수 있다.

그런데 이러한 신용평가시, 가지급금은 기업의 자산으로 취급하지 아니한다. 게다가 가지급금은 기업의 불량자산이라 재무적 평점에도 부정적이지만, 비재무적 평점에도 대표자의 신용을 낮게 평가하는 요인이 되어 부정적이다. 다만, 이런 점을 기업이 더욱 더 잘 알고 있기 때문에 계정과목을 바꾸기도 하는데, 이또한 부정한 행위에 해당하기 때문에 주의해야 한다.

장 '아무 짝에도 쓸데없는 가지급금을 만들게 되어 이렇게 뒷통수를 맞았네. 어떻게 해야 가지급금을 없앨 수 있을까?'

제 9 화

가지급금 없애는 이야기 하나 – 임원급여 활용

임원급여로 죽이기

장사장이 계속적으로 개인사업을 했다면, 개인사업에서 얻은 소득에 대해 종합소득세를 다 내고 남은 돈을 쓰는 것은 자유로운 일이다. 다만, 장사장은 종합소득세로 사업소득의 6~42%까지의 세부담을 하는 것이 싫어서 법인으로 전환했다.

그리하여 법인사업에서 얻은 소득에 대해서는 법인세를 내게 되었는데, 당초 개인사업의 이익을 대표자 급여로 가져가니 법인의 이익은 없고 근로소득세를 내게 되었으나, 이 세부담도 개인사업의 종합소득세와 크게 차이가 나지 않았다.

(단위: 원)

구분	개인사업	법인사업(급여)	법인사업(가지급)
	종합소득세	법인세/근로소득세	법인세
대표자급여 계산 전 이익	200,000,000	200,000,000	200,000,000
대표자급여	200,000,000	200,000,000	0
대표자급여 계산 후 소득	200,000,000(주1)	0	200,000,000
세율	38%	0%	10%
개인 또는 법인세금(주2)	56,000,000	0	20,000,000
근로소득세	0	49,000,000	0(주3)

(주1) 개인사업의 사업소득금액을 계산할 때 대표자급여는 필요경비로 인정하지 아니한다.
(주2) 세금을 계산함에 있어 백만 원 단위 아래와 각종 소득공제 또는 세액공제감면은 중요성의 원칙에 입각하여 생략하기로 한다.
(주3) 매년 가지급금에 대한 인정이자를 납입하지 아니하면 인정이자를 상여로 보아 근로소득세를 부과하고, 법인에 대하여는 인정이자 및 지급이자 손금불산입 등 각종 규제를 가한다.

개인의 과세표준	종합소득세율	누진공제
1,200만 원 이하	6%	–
4,600만 원 이하	15%	1,080,000원
8,800만 원 이하	24%	5,220,000원
1.5억 원 이하	35%	14,900,000원
3억 원 이하	38%	19,400,000원
5억 원 이하	40%	25,400,000원
5억 원 초과	42%	35,400,000원

법인의 과세표준	법인세율	누진공제
2억 원 이하	10%	–
200억 원 이하	20%	20,000,000원
3,000억 원 이하	22%	420,000,000원
3,000억 원 초과	25%	9,420,000,000원

결국 장사장은 대표자 급여 없이 법인의 이익을 계산해서 10~22%의 법인세만 부담했고, 그렇게 남은 회삿돈을 가지급금으로 빌려가다 보니 5년이 넘어가자 감당할 수 없는 상황을 맞이하게 된 것이다.

장사장은 당초 자신에게 법인전환을 권유했던 변사장을 떠올렸다.

장 "아니, 내가 자네의 조언에 따라 세금을 아끼기 위해 법인을 설립하고 사업을 재개했는데, 평소 생활하는 수준이 있으니까 연봉을 2억 원으로 책정했다구. 그랬더니 세무사가 그러는데 근로소득세가 4.9천만 원 정도라는 거야. 개인사업할 때 소득이 2억 원이면 사업소득세가 5.6천만 원 내는 거랑 7백만 원 차이밖에 없고 또 법인세도 내야 하면 이건 좀 아닌데."

변 "저번에 나와 얘기할 때 자네의 개인사업 이익이 2억 원이라고 했잖은가? 거기에는 자네의 연봉같은 건 없어. 종합소득세만 내고 남은 돈은 몽땅 당신의 것이지."

장 "그게 무슨 말이야?"

변 "개인사업자에게는 자신의 월급같은 건 없어. 개인사업을 하면서 번 이익 그 자체가 개인사업자의 몫이니까. 자네의 경우에는 개인사업의 이익 2억 원에 사업소득세 5.6천만 원만 내면 나머지 돈은 모두 자네의 것이고 그걸로 끝인 거지."

장 "법인사업은?"

변 "법인사업은 이익 자체를 계산할 때 대표자인 자네의 월급을 비용으로 차감할 수 있네. 그렇게 자네 연봉을 2억 원으로 책정했다면 법인사업의 이익에서 차감할 수 있지. 연봉 2억 원에 따른 근로소득세 4.9천만 원은 내고 연봉 계산 전 법인의 이익이 2억 원이라면, 연봉 계상 후 법인의 이익은 0원이 될테니 법인세는 없었겠지."

장 "그렇다 하더라도 어쨌든, 법인세를 안 낸다고 해도 개인사업을 할 때와 세금은 7백만 원 차이 밖에 없는 것이지 않나? 뭐 법인사업이라서 이것저것 복잡하기만 한데… 그나저나 자네는 어떻게 절세를 하는 거지?"

변 "애초부터 자네가 법인을 만든 건 사업소득세를 줄여보려고 했던 게 아닌가? 그런데 자네는 개인사업의 사업소득세와 법인에서 전부 급여로 챙겨가서 근로소득세를 내는 차이에 대해서만 얘기하는구먼. 그 차이야 별로 없겠지."

장 "그럼, 그것 말고 뭐가 중요하다는 건가?"

변 "애초부터 내 얘기는 개인사업과 법인사업의 세금 비교는 개인사업의 종합소득세와 법인사업의 법인세를 비교했던 거야. 그리고 이때 자네의 급여는 없는 것으로 가정한단 말이지. 개인사업은 원래부터 사업주 급여라는 게 없으니 당연한 거고, 법인에서도 급여를 가져가지 않는다고 가정했던 거야."

장 "그럼 어떻다는 건데?"

변 "법인에서 자네 급여가 없다면 이익이 2억 원이구먼. 만약 개인사업을 했다면 종합소득세로 약 5.6천만 원을 낸다고 했지? 그런데 법인사업을 하면 법인세는 2천만 원(=2억 원×10%)을 내는구먼. 결국 3.6천만 원 절세가 되는거지."

장 "자네는 귀신이구먼. 어떻게 세금을 바로 알아내나?"

변 "내가 소싯적에 세무사 시험공부를 좀 했거든. 흐흐."

장 "그렇지만 내가 급여도 안 받고 어떻게 생활을 하란 말인가?"

변 "맞아. 그래서 통상 법인에서 급여 대신 돈을 빌려가지. 그걸 가지급금이라고 한다네."

장 "그렇게 빌려가도 되나?"

변 "법인에서 돈을 빌려서 쓰는 거는 자유지만, 몇 가지 골치 아픈 건 있어."

장 "빌려쓰면 갚아야 하잖아?"

변 "갚는 방식은 여러 가지가 있는데, 급여를 조금씩 올리던가, 아니면 퇴직금을 만들어서 빼가던가, 아무튼 그건 조금씩 알아보자고."

장 "그러면, 또 그 급여나 퇴직금에 대해 세금을 내야되지 않나? 그거 안 갚으면 안되나?"

변 "안 갚으면 안 갚는 데로 무슨 방법이 있겠지. 흐흐."

장사장은 그때 변사장이 무슨 방법이 있겠지라고 했던 것도 같고 해서 오랜만에 변사장에게 전화를 걸었다.

장 "오랜만이야, 변사장. 예전에 사업장을 다른 곳으로 옮긴 후 연락이 뜸했어. 잘 지내셔?"

변 "오, 장사장님. 오랜만입니다."

장 "왜 이러나 이 사람, 갑자기 존댓말은…."

변 "아 그게요, 제가 요즘 경영컨설팅을 하고 있어요. 그렇지 않아도 전화가 올 것도 같더라구요."

장 "그래? 경영컨설턴트라고. 마침 잘 되었어. 내가 지금 회사에 가지급금이 너무 많이 쌓여서 아주 곤란한 상황에 놓였네. 이익이 없어도 세금을 내야 하고, 회사실적이나 신용 입증도 곤란해지고 영 힘드네…."

변 "아, 가지급금? 그렇지 않아도 제가 요즘 가지급금 없애는 경영컨설팅을 하고 있거든요."

장 "아, 그래? 그럼 유선상이지만 좀 가르쳐 주겠나?"

변 "음, 제 기억에 장사장님께서 개인 사업소득세가 너무 높아서 법인으로 전환하면서, 대표자 급여를 받다가 근로소득세가 너무 높다 하셔서 그때부터 급여 대신 가지급금을 가져가셨죠?"

장 "응, 아직도 기억하는군."

변 "그건 뭐 저도 그랬으니까요…. 그럼 이제 가지급금을 없애기 위해 급여를 많이 가져가시는 것이 첫 번째 방법이네요."

장 "급여를 가져가면 근로소득세가 많아서 가지급금을 가져갔는데, 이 무슨 해괴망측한 얘기인지…."

변 "그건 그때는 사장님이 근속연수가 없어 퇴직금을 고려할 수 없으니 그랬고, 지금은 한 5년이 되어서 퇴직금을 받아갈 수 있으니까, 그걸 같이 섞어서 절세방안을 짤 수 있겠지요"

장 "그게 무슨 말인가?"

변 "음. 개인소득세 중 제일 세금이 싼 게 주식 양도소득세랑 퇴직소득세거든요. 가지급금 중 절반 정도는 급여로 가져가서 회사에 갚는 형식으로 정리하고, 한 절반은 퇴직금으로 가져가서 정리하고 그러면 될 것도 같은데… 가지급금이 얼마나 됩니까?"

장 "10억 원일세."

변 "그럼 3년 정도 잡고 급여로 2억 원씩 받아서 갚으면 4억 원이 남고, 퇴직금을 4억 원 정도 갚으면 어때요?"

장 "퇴직금이 4억 원이나 될까?"

변 "지금부터 3년 뒤면 법인설립하고 약 8년 정도 된 거잖아요. 그럼 임원 월평균급여 1.66천만 원, 근속연수 8년 곱하여 임원퇴직금 배수 3배 정도하면 4억 원 퇴직금 나오니까 충분하네요."

4억 원 = 임원 월평균급여(16,666,666원) × 근속연수(8년) × 배수(3배)

* 세법상 임원퇴직금은 퇴직전 3년간 연평균급여의 10%에 근속연수(월할)을 곱한 금액의 2012년 이후 적립분은 3배, 2020년 이후 적립분은 2배까지는 퇴직소득으로 보고, 이 이상 지급하는 분에 대해서는 근로소득으로 간주한다.

장 "정말 그러면 3년 안에 가지급금 10억 원이 정리되는 거야? 그건 그렇고 세금은 싸긴 싼 건가?"

변 "5년간 총 10억 원을 가지급금으로 가져갔으니, 개인사업으로 종합소득세를 냈다면 연간 56,000,000원, 총 2.8억 원만큼 낼 것을 연간 법인세로 2천만 원씩 5년간 총 1억 원을 낸 셈이니 1.8억 원 절세했잖아요."

장 "그러고 보면 그렇네."

변 "그럼 이제 3년간은 임원급여로 가져가니 법인세는 안 내고 근로소득세로 연간 4.9천만 원 내는 것은 어쩔 수 없는 일이고, 끝으로 퇴직소득세로 2억 원 이상 안 나오면 이득 아닌가요?"

장 "그런가?"

(장사장의 개인 또는 법인의) 사업소득금액이 2억 원일 때 세금(1)

(단위: 백만 원)

구분	현재까지의 세금 비교					향후 3년간 세금 비교			계
	1년	2년	3년	4년	5년	6년	7년	8년	계
사업소득세	56	56	56	56	56	56	56	56	448
법인세	20	20	20	20	20	0	0	0	247
(근로소득세)	0	0	0	0	0	49	49	49	
절세액	36	36	36	36	36	7	7	7	201

변 "잠깐만요… 지금 엑셀을 돌려보니 3년 뒤 장사장님의 퇴직금 4억 원에 대한 퇴직소득세가 약 8천만 원 좀 안 나오는 것 같은데요…. 그럼 1억 원 이상 절세하셨네요."

장사장의 퇴직금 4억 원에 대한 퇴직소득세 예상세액

퇴직소득세 계산순서	금액	비고
1. 퇴직소득금액(=퇴직급여)	400,000,000원	
2. 근속연수공제	3,000,000원	8년 근속
3. (근속공제 후)퇴직소득금액(=1－2)	397,000,000원	
4. 연분퇴직소득금액	49,625,000원	근속연수로 나눔
5. 환산급여	595,500,000원	12를 곱함
6. 환산공제	255,125,000원	아래(환산공제) 표 참조
7. 퇴직소득과세표준(=5－6)	340,375,000원	
8. 1년치 산출세액	9,229,167원	세율적용 후 12로 나눔
9. 퇴직소득 산출세액	73,833,333원	근속연수 곱함

근속연수공제

근속연수	근속공제액
5년 이하	30만 원 × 근속연수
5~10년 이하	150만 원 + 50만 원 × (근속연수 5년)
10~20년 이하	400만 원 + 80만 원 × (근속연수 10년)
20년 초과	1,200만 원 + 120만 원 × (근속연수 20년)

환산공제

환산급여	환산공제
8백만 원 이하	환산급여의 100%
7천만 원 이하	8백만 원 + (8백만 원 초과분의 60%)
1억 원 이하	4천520만 원 + (7천만 원 초과분의 55%)
3억 원 이하	6천170만 원 + (1억 원 초과분의 45%)
3억 원 초과	1억5천170만 원 + (3억 원 초과분의 35%)

임원퇴직소득은 2011년 말 이전 근로분 퇴직금에 대해서는 법인세법이 정한 임원퇴직금 지급규정(회사가 자율적으로 규정)에 의한다면 별도의 한도가 없었으나, 2012년 이후 근로분에 대해서는 소득세법에 의하여 다음과 같은 한도 제약을 받는다. 이 한도가 넘는 임원퇴직금은 퇴직소득이 아니라 근로소득으로 보아 과세한다.

한도 = (19년말 소급 3년간 연평균급여×10%×12년부터 19년까지 근속연수×3배)
+ (퇴직 전 3년간 연평균급여×10%×20년 이후 근속연수×2배)

장사장의 임원퇴직금 4억 원이 소득세법이 정한 한도 내 퇴직금이라고 가정할 때 퇴직소득금액은 퇴직금 자체가 된다. 여기서 퇴직소득 과세표준을 계산할 때 근속연수공제와 환산공제를 차감한다.

퇴직소득 산출세액은 퇴직소득 과세표준에 종합소득세율을 적용하여 산출한 뒤, 12로 나누어 1년치 퇴직소득 산출세액을 계산하고, 최종적으로 근속연수로 곱하여 계산한다.

제 10 화

가지급금 없애는 이야기 둘 – 임원퇴직금 활용

임원퇴직금으로 죽이기

변컨설턴트는 장사장이 만약 계속 개인사업을 한다면 법인전환 후 지금까지 5년, 향후 3년 도합 8년간 4.48억 원(=5천6백만 원×8년) 상당의 사업소득세를 납부했을 것이지만, 현재까지 5년간은 법인세 총 1억 원(=연간 2천만 원×5년)만 냈고, 지금부터 대표자 급여를 받아가 3년간은 근로소득세 총 1.47억 원(=연간 4천9백만 원×3년)만 내면 8년 차 채우고 퇴직하면서 퇴직소득세로 약 8천만 원을 내기 때문에 법인사업으로 낼 세금총액이 개인사업으로 낼 세금총액보다 약 1억 원 이상 낮지 않냐를 얘기하고 있었다.

	개인사업의 사업소득세 총액(8년간)	4.48억 원
(−)	법인사업의 법인세 총액(5년간)	1억 원
(−)	법인사업의 근로소득세 총액(3년간)	1.47억 원
(−)	법인사업의 퇴직소득세 총액	0.73억 원
(=)	법인사업을 통한 절세 총액	1.28억 원

듣고 보면 그럴싸한 얘기이다. 그러나.

장 "아, 반대로 말하면 총 8년간 법인사업과 개인사업의 세금 차이가 고작 1억 원 정도 밖에 안 되었던 거요? 연간으로 따지면 고작 1.6천만 원 세금 줄이자고 가지급금이란 늪에 빠져있었던 건가? 법인의 가지급금 때문에 법인세를 더 낸 것까지 고려하면 이게 무슨 절세요?"

변 "……."

변컨설턴트는 아무 말도 하지 않았다.

장 "그간 가지급금 때문에 법인세도 더 내고, 일전에는 인정이자에 대해 근로소득세도 더 내고 마음 고생도 많이 했는데… 8년간 고작 1억 원 조금 넘게 절세했다고 말하다니… 일단 생각해 보고 전화 드리리다…."

장사장은 개인사업을 법인전환하면 크게 세금이 절약되는 줄 알았던 모양이다. 그러나 사실 그렇지 않다. 법인에 유보된 잉여금을 최종적으로 개인이 급여나 퇴직금으로 받아올 때 다시 또 종합소득세를 내야 하기 때문이다. 그간 절세한다고 가지고 간 가지급금 때문에 마음 쓴 것을 생각하면 너무나 작은 세금효과였다.

아무튼 장사장은 변컨설턴트의 이 말도 다소 미심쩍어 허세무사에게 전화를 걸어본다.

장 "안녕하세요. 허세무사님."

허 "네, 장사장님. 그런데 어쩐 일이신지요?"

장 "제가 지금 법인으로부터 가져간 가지급금 10억 원을 변제하기로 마음 먹고 전화드립니다. 이걸 3년 정도 시간을 두고 급여와 퇴직금으로 정산하려고 하는데 괜찮겠는지요?"

허 "으음… 마침 요즘 제가 대학원에서 그런 쪽으로 공부를 하고 실무상 적용도 하고 있습니다. 잘 되었네요. 그럼 변제 스케줄은 어떻게 되세요?"

장 "원금 기준으로 10억 원을 향후 3년간 대표자 급여 2억 원을 받아가서 6억 원을 변제하고, 3년 째 되는 해에 퇴직금을 받아서 4억 원을 변제할까 합니다."

허 "물론 회삿돈을 월급과 퇴직금으로 받아갔다가 다시 변제형식으로 입금하실 것으로 보이는데, 그게 다 변제가 될까요?"

장 "그게 무슨 말입니까?"

허 "일단 1년에 2억 원씩 급여를 받으시면 근로소득세가 약 5천만 원 가까이 나오니까 실제 변제가능한 금액은 1.5억 원 정도이고요, 퇴직금을 4억 원 받아서 변제하셔도 퇴직소득세가 약 8천만 원 나오면 3.2억 원이니 총 변제금은 7.7억 원 정도 되어서 2억 원 이상은 변제하기 어려울 것 같은데요."

장 '하. 그렇구먼…. 3년으로는 안 되겠구먼. 한 4년 정도 스케줄을 잡아야 변제가 되겠구먼….'

허 "아무튼 그건 계산적인 내용이구요, 생활은 되시겠나요? 급여받아서 다 또 법인에 변제하시면 생활비는…."

장 "어휴, 그러게요. 절세되는 것도 없는데 제가 세금없이 가져간 가지급금을 흥청망청 다 써 버리는 바람에 이제부터 3~4년간은 손가락만 빨고 살아야겠네요."

허 "그건 또 허리를 졸라서 사신다고 치고, 급여산정은 왜 2억 원을 하셨나요?"

장 "그건 제가 가지급금을 변제하려니 연봉이 2억 원은 되어야 하고, 법인의 이익도 매년 2억 원 정도 있었으니 딱 법인의 이익만큼 연봉을 책정해서 가져 가려구요."

허 "그게 변제 스케줄이 3년, 현실적으로는 4년이라서 가능할 것 같기는 한데요. 최근 이런 대법원 판례가 있었습니다."

장 "또 뭐가 있나요?"

허 "과거에는 매월 일정액 급여로 지급하는 임원보수는 통상 그 금액의 과다에도 불구하고 법인의 손비로 처리했는데요. 최근 대법원 판결에서 임원의 직무집행에 대한 정상적인 대가라기보다는 주로 법인에 유보된 이익을 분여하기 위한 것이면 손비가 아니라는 판결(대법원 2017. 9. 21., 선고 2015두60884 판결)이…."

장 "그럼, 임원급여가 손비가 아니면 법인세를 더 내라는 건가요?"

허 "그렇죠, 그리고 거기에 기반을 둔 퇴직금도 문제예요."

장 "네?"

허 "임원퇴직금이란 게 통상 한 달 치 평균급여에 근속연수를 곱하고 3배수 내외로 주는 것이 관행이고, 세법도 3배수(2020년 이후 적립분은 2배수)까지는 퇴직소득으로 인정합니다만… 퇴직급여 규정이 근로의 대가로서 퇴직급여를 지급하기 위한 것이 아니라 퇴직급여의 형식을 빌려 임원에게 법인의 자금을 분여하기 위한 일시적 방편에 불과하면 퇴직급여로 손금에 산입될 수 없다고 판시하면서, 그와 같은 일시적인 방편에 불과한 임원 퇴직급여규정을 만든 법인이 특정 임원에게 퇴직급여의 형식으로 법인의 자금을 분여하기 위하여 임원의 퇴직 직전에 퇴직급여의 산정 기초가 되는 월 급여를 아무런 합리적인 이유 없이 인상한 경우에는 인상되기 전의 월 급여를 기초로 하여 산정되는 금액만이 퇴직급여로 손금산입 대상이 된다고 판시한 대법원 판결(대법2015두50153, 2016. 2. 18. 판결)도 있거든요."

장 "그럼, 그것도 다 무용지물이란 말입니까?"

허 "그렇지 않을 가능성도 있어요. 일단 사장님께서 가지급금을 변제하는 스케줄이 3년 또는 4년이면 임원퇴직금지급규정이나 임원급여규정을 임의적으로 급조한 것으로 보기는 좀 어려울 것 같구요, 그리고 사장님이 처음 사업 시작하실 때 급여를 연 2억 원으로 책정했던 사례도 있었구요. 중간에 0원으로 바꾸시긴 했지만요…. 아무튼 장사장님께서 그런 식으로라도 가지급금을 줄이는 것을 구상한 것은 뜻깊은 일입니다."

장 "아, 그렇군요. 그래요. 그러면 좀 더 알아보고 제가 최종 결정하겠습니다."

허 "네, 충분히 생각해 보시고 정하시죠."

장 '애초부터 급여를 2억 원 받아갔었더라면 가지급금도 없었고, 내가 개인사업했던 이력이 있었으니 연봉 2억 원이 무리하게 큰 금액도 아닐진데…. 이제 와서 안 받던 급여를 받겠다고 하는 것이 조세회피가 되고, 그렇게 받아간 급여를 기준으로 퇴직금을 계산한 것도 문제가 될 수 있다 하니 참으로 난감하구나….'

❑ 대법원 2017. 9. 21. 선고 2015두60884 판결

법인이 임원에게 직무집행의 대가로서 지급하는 보수는 법인의 사업수행을 위하여 지출하는 비용으로서 원칙적으로 손금산입의 대상이 된다. 하지만 구 법인세법(2010. 12. 30. 법률 제10423호로 개정되기 전의 것, 이하 같다) 제19조 제1항, 제20조 제1호, 제26조 제1호, 법인세법 시행령 제43조 제1항의 문언과 법인의 소득을 부당하게 감소시키는 것을 방지하기 위한 구 법인세법 제26조, 법인세법 시행령 제43조의 입법 취지 등에 비추어 보면, 법인이 지배주주인 임원(그와 특수관계에 있는 임원을 포함한다)에게 보수를 지급하였더라도, 보수가 법인의 당기순이익에서 차지하는 비중과 규모, 해당 법인 내 다른 임원들 또는 동종업계 임원들의 보수와의 현저한 격차 유무, 정기적 · 계속적으로 지급될 가능성, 보수의 증감 추이 및 법인의 당기순이익 변동과의 연관성, 다른 주주들에 대한 배당금 지급 여부, 법인의 소득을 부당하게 감소시키려는 주관적 의도 등 제반 사정을 종합적으로 고려할 때, 해당 보수가 임원의 직무집행에 대한 정상적인 대가라기보다는 주로 법인에 유보된 이익을 분여하기 위하여 대외적으로 보수의 형식을 취한 것에 불과하다면, 이는 이익처분으로서 손금불산입 대상이 되는 상여금과 실질이 동일하므로 법인세법 시행령 제43조에 따라 손금에 산입할 수 없다고 보아야 한다.

또한 증명의 어려움이나 공평의 관념 등에 비추어, 위와 같은 사정이 상당한 정도로 증명된 경우에는 보수금 전체를 손금불산입의 대상으로 보아야 하고, 보수금에 직무집행의 대가가 일부 포함되어 있어 그 부분이 손금산입의 대상이 된다는 점은 보수금 산정 경위나 구성내역 등에 관한 구체적인 자료를 제출하기 용이한 납세의무자가 이를 증명할 필요가 있다.

❑ 대법 2015두50153, 2016. 2. 18. 판결

구 법인세법(2010. 12. 30. 법률 제10423호로 개정되기 전의 것) 제26조 제1호, 구 법인세법 시행령(2011. 3. 31. 대통령령 제22812호로 개정되기 전의 것, 이하 같다) 제44조 제4항, 제5항이나 관련 규정들의 문언과 법인의 소득을 부당하게 감소시키는 것을 방지하기 위한 입법 취지 등에 비추어 보면, 임원에게 지급할 퇴직급여의 금액 또는 계산 기준을 정한 정관이나 정관에서 위임된 퇴직급여 지급규정(이하 통틀어 '임원 퇴직급여 규정'이라 한다)에 따라 지급된 임원 퇴직급여는 전액이 손금에 산입되는 것이 원칙이나, 임원 퇴직급여 규정이 근로 등의 대가로서 퇴직급여를 지급하려는 것이 아니라 퇴직급여의 형식을 빌려 특정 임원에게 법인의 자금을 분여하기 위한 일시적인 방편으로 마련된 것이라면, 이는 구 법인세법 시행령 제44조 제4항 제1호 또는 제5항에서 정한 임원 퇴직급여 규정에 해당하지 아니한다. 따라서 임원 퇴직급여 규정이 종전보다 퇴직급여를 급격하게 인상하여 지급하는 내용으로 제정 또는 개정되고, 제정 또는 개정에 영향을 미칠 수 있는 지위에 있거나 그와 밀접한 관계에 있는 사람이 퇴직임원으로서 급격하게 인상된 퇴직급여를 지급받게 되며, 그에 따라 지급되는 퇴직급여액이 퇴직임원의 근속기간이나 근무내용 또는 다른 비슷한 규모의 법인에서 지급되는 퇴직급여액 등에 비추어 볼 때 도저히 재직기간 중의 근로나 공헌에 대한 대가라고 보기 어려운 과다한 금액이고, 규정 자체나 법인의 재무상황 또는 사업전망 등에 비추어 그 이후에는 더 이상 그러한 퇴직급여가 지급될 수 없을 것으로 인정되는 등 특별한 사정이 있는 경우에는, 퇴직급여 규정은 실질적으로 근로의 대가로서 퇴직급여를 지급하기 위한 것이 아니라 퇴직급여의 형식을 빌려 임원에게 법인의 자금을 분여하기 위한 일시적 방편에 불과하므로, 이 경우에는 구 법인세법 시행령 제44조 제4항 제2호에 따라 산정되는 금액을 넘는 부분은 퇴직급여로 손금에 산입될 수 없다.

그리고 그와 같은 일시적인 방편에 불과한 임원 퇴직급여 규정을 만든 법인이 특정 임원에게 퇴직급여의 형식으로 법인의 자금을 분여하기 위하여 임원의 퇴직 직전에 퇴직급여의 산정 기초가 되는 월 급여를 아무런 합리적인 이유 없이 인상한 경우에는 인상되기 전의 월 급여를 기초로 하여 산정되는 금액만이 퇴직급여로 손금산입 대상이 된다.

제 11 화

가지급금 없애는 이야기 셋 – 정기배당과 중간배당 활용

배당으로 죽이기

장 '애초부터 법인에서 급여를 2억 원 받아갔었더라면 가지급금도 없었고 내가 개인사업했던 이력이 있었으니 연봉 2억 원이 무리하게 큰 금액도 아닐진데… 이제 와서 안 받던 급여를 받겠다고 하는 것이 조세회피가 되고, 그렇게 받아간 급여를 기준으로 퇴직금을 계산한 것도 문제가 될 수 있다하니 참으로 난감하구나….'

장사장은 개인사업의 법인전환 후 세금을 안 내려고 가지급금을 이용한 일을 후회하고 있었다. 그리고 다시 변컨설턴트에게 전화를 했다.

장 "변사장, 아니 변컨설턴트. 아까 나랑 통화할 때 급여와 퇴직금으로 정리하면 된다고 했는데 내가 거래하는 세무사에게 물어보니 급여를 안 받다가 갑자기 받고, 그렇게 급격히 받은 급여를 기준으로 퇴직금을 계산하는 것은 최근 대법원 판결에 의하면 문제가 있다던데…."

변 "앗! 그런 게 있었나요? 그렇지만 한 3, 4년 그렇게 하시면 큰 탈은 없을 거예요. 가지급금 없애면서 그런 리스크도 감수 안 하실 생각은 아니셨을 거 아닌가요?"

장 "……, 쩝"

장사장은 기가 막혀서 말이 나오지는 않았지만, 기왕 이렇게 된 거 변컨설턴트의 가지급금 솔루션을 더 들어보기로 했다.

장 "그건 그렇다 치고. 급여와 퇴직금 말고 딴 건 없을까?"

변 "배당을 받아가는 방법도 있어요. 혹시 사장님네 회사에 이익잉여금이 있는가요?"

장 "이익잉여금이 뭔가?"

변 "사장님, 법인에서 급여를 안 가져가서 당기순이익이 좀 났을텐데요. 그리고 그만큼 사장님이 가지급금으로 집어가신 거 아니었어요?"

음. 그렇다.

장 "맞지. 이렇게 갚아야 될 돈인지는 몰랐었지만, 법인으로부터 내가 급여를 안 받아가서 이익이 난 꼴이었어. 매년 누적이 되어서 지금은 장부상 잉여금은 10억 원 가까이 될 걸….”

변 “그게 이익잉여금이에요. 그걸 재원으로 배당을 받아갈 수 있죠.”

장 “내가 주주이니 배당을 가져갈 수 있다 치고… 세금은 없어?”

변 “배당소득은 회사에서 주주에게 지급할 때 14%를 원천징수하는데 배당받은 금액이 2천만 원이 넘으면 원천징수한 세금 외에도 종합소득세 신고 때 배당소득금액을 합산신고하는 금융소득종합과세가 되죠.”

장 “그럼, 배당금액의 14% 외에 또 세금을 낸단 말인가?”

변 “그렇긴 한데, 이게 참 재밌는 것이 금융소득종합과세가 되어도 사장님처럼 직접 법인으로부터 받은 배당은 G배당, 어려운 말로 그로스업(Gross-up) 배당이라고 해서 배당세액공제(종합과세되는 배당금액의 11% 상당액)라는 걸 해 줘요. 법인세를 낸 이익을 배당받아 갔으니 소득세를 정산할 때 세액공제로 이중과세조정을 해 준다는 건데….”

장 “아흐 어렵구먼…. 아무튼 결론은 어떤건가?”

변 “소득자가 다른 소득은 없고 G배당만 있으면 1.3억 원 정도까지는 당초 원천징수된 14% 이상의 추가세금은 없거든요. 그러나 근로소득이나 사업소득 같은 다른 소득이 있으면 결론이 확 바뀌어요.”

그렇다. 소득자가 다른 소득은 없는 경우로서 G배당만 있으면 1.3억 원 정도까지 당초 원천징수된 14% 세금 외에 종합소득합산신고시 추가되는 세금은 없다. 왜냐하면 금융소득이 많아도 배당세액공제를 받아서 누진세율을 적용한 세액이 원천징수세액과 동일하기 때문이다.

장 "그럼 나는 다른 소득이 없으니 일단 배당으로 1년에 1.3억 원 정도는 받아갈 수는 있다는 애기구먼. 14% 세금만 내면은…."

변 "그렇죠. 배당 1.3억 원에 배당소득세 약 2천만 원 빼면 남는 돈이 1억 원 좀 넘을 텐데요, 그것으로 가지급금을 상환할 수 있겠죠?"

장사장은 문득 애초부터 연봉 2억 원 대신 가지급금으로 가져가지 말고, 배당으로 가져갔으면 어땠을까를 생각해 봤다.

장 "변컨설턴트, 애초부터 법인이익을 2억 원으로 가정하고 법인세 2천만 원 내고 나머지 1.8억 원을 내가 배당소득으로 가져갔다면 어땠을까? 그 머리 아픈 가지급금이 아니고 말이지…."

변 "으음… 제게 시간을 좀 주세요. 잠시 뒤에 전화드리지요."

전화가 끊기고, 잠시 후 장사장에게 팩스 한 장이 들어왔다.

(장사장의 개인 또는 법인의) 사업소득금액이 2억 원일 때 세금(2)

(단위: 백만 원)

구분	1년 차	2년 차	3년 차	4년 차	5년 차	계
사업소득세	56	56	56	56	56	280
법인세	20	20	20	20	20	100
배당소득세*	33	33	33	33	33	165
절세액	**3**	**3**	**3**	**3**	**3**	**15**

* 법인의 소득금액이 2억 원이고 법인세를 2천만 원 공제하면 이익(잉여금)이 1.8억 원으로 산출되며, 배당소득 1.8억 원에 대한 금융소득종합과세 결정세액은 3.3천만 원임.

그리고 바로 변컨설턴트로부터 전화가 왔다.

장 "보내 준 자료를 보니 개인의 사업소득금액이 2억 원일 때 사업소득세(56백만 원)나, 법인의 사업소득금액이 2억 원일 때 법인세(20백만 원)와 그 이익잉여금을 배당받아 내는 배당소득세(33백만 원)를 합친 금액이나 거의 차이가 없구먼. 차라리 애초부터 법인으로부터 연봉으로 2억 원(근로소득세 49백만 원)을 받는 게 더 싼 것 같으이…."

변 "뭐, 저도 요즘 이런 일을 하지만 전지적 관점에서 과거와 미래의 일을 모두 안다고 해 보면 사실 뭐 별거 없습니다. 사업소득세가 많아 법인전환하고, 법인전환한 뒤 근로소득세가 많아 가지급금으로 가져가고, 이를 다시 변제하기 위해 배당을 궁리하지만, 그 배당이 일정부분 누진과세되면 이 모든 게 사실 세금차이가 별로 없거든요."

장 "뚜렷한 방법도 없는데 왜 나에게 가지급금을 가져가면 절세가 된다고 했었나?"

장사장의 원망이 폭발했다.

변 "저도 그 당시에 법인으로부터 가지급금을 가져다 쓰면서 생활했고, 당장 세금은 안 내서 편했고 그게 쭉 이어질 줄 알았죠. 지금에 와서 보면 가지급금을 끝내 변제하지 않고 회사를 접으면 상여처분되어 한 방에 세금이 왕창 나오는 것을 간과한 거죠."

장 "자네 말을 믿고 법인전환해서 가지급금으로 펑펑 쓴 내가 잘못이지. 남 탓해서 뭐하겠나. 양주 한 병 사주면서 들은 조언일 뿐 인데….”

배당이란 일반적으로 영리법인이 보유한 잉여금(통상 이익잉여금을 재원으로 이익배당하는 것이나, 자본잉여금도 배당가능함)을 주주들에게 투자의 대가로 환원해 주는 것을 말한다.

배당의 종류를 시기로 분류하면 정기배당과 중간배당으로 나눌 수 있는데, 정기배당은 1회계기간의 결산을 확정하는 정기주주총회 때 주주에게 배당하는 것을 말하며, 중간배당이란 정기배당 외에 기업의 회계기간 중에 이사회 결의로 일정한 날에 추가적으로 연 1회 현금배당을 하는 것을 말한다.

위와 같은 정기배당과 중간배당을 꾸준히 진행하면 주주의 안정적인 자금확보가 가능하고 이렇게 배당을 통해 마련된 재원이 법인에게 빌린 가지급금을 상환할 재원으로 활용되는 것은 매우 전통적인 방식이다.

다만, 배당을 통하여 가지급금을 상환한다는 것은, 배당소득세의 부담이 가지급금을 상여 등으로 변제하는 것보다 실효세금이 더 낮아야 유효하기 때문에 배당금액이 종합과세될 때(개인별 소득 수준에 따라 차이가 있겠지만) 종합소득세 실효세율이 배당소득 원천징수세율 14%를 크게 웃돌지 않는 수준에서 결정되어 왔다. 따라서 배당소득으로 가지급금을 상환하는 것은 금액적 한계가 있다.

변 "미안합니다, 장사장님. 그런데요, 예전에는 증여세 문제로 활용되지 못했던 차등배당이라는 것이 2015년 말에 초과배당에 따른 이익의 증여라는 규정이 신설되어서 묘하게도 요즘 절세의 수단이 되고 있답니다. 그것은 여러모로 절세가 될 여지가 있죠."

장 "잉? 차등배당?"

제 12 화

가지급금 없애는 이야기 넷 – 차등배당 활용

차등배당으로 죽이기

배당을 통한 가지급금 상환재원 마련은 일정부분 유효하다. 그러나 상당한 금액의 가지급금을 상환하기에는 어려움이 있다. 이는 금융소득 종합과세로 배당소득세 실효세율이 원천징수세율 14%보다 높아지면 배당을 하지 않으려는 경향 때문이다.

특히 법인으로부터 받는 급여소득이 많은 경우에 2천만 원을 넘는 금융소득까지 더해지면 고율의 종합소득세율을 맞는 경우가 많기 때문에 쉽지 않다.

그런데 이 문제점을 주주 간 차등배당을 통해 해소할 수 있다고 주장하기도 한다. 영 틀린 말은 아니다.

장 "잉? 차등배당?"

변 "네, 차등배당이요."

장 "차등배당이 뭔가?"

변 "원래 배당은 주주평등의 원칙에 따라서 법인의 주주가 그 지분율에 따라 균등배당 받는 것이 원칙인데, 차등배당이란 대주주가 자신의 배당권리를 포기하고 나머지 주주에게 더 높은 배당을 하는 것을 말해요."

장 "그러니까 나 말고 다른 주주에게 배당을 더 주라는 얘기구먼…. 그게 무슨 절세효과가 있다는 건가?"

변 "아까도 말씀드렸지만, 전지적 관점에서 과거와 미래를 안다고 해보면 사업소득세가 많아 법인전환하거나, 법인전환한 뒤 근로소득세가 많아 가지급금으로 가져가거나, 이를 다시 변제하기 위해 배당으로 받아가서 일정부분 누진과세되면 이 모든 게 사실상 세금차이가 별로 없지만 배당으로 받아 가는데 누진과세가 안 되고 14%의 원천징수세금만 내면 세금을 조금은 줄일 수 있거든요. 아까는 한 명이 배당을 받아간다고 가정했고, 이번에는 2명이 배당을 받아간다고 가정해 볼께요. 잠시만요, 전화 끊고 잠시 후 팩스 한 장 더 넣겠습니다."

(장사장의 개인 또는 법인의) 사업소득금액이 2억 원일 때 세금(3)

(단위: 백만 원)

구분	1년 차	2년 차	3년 차	4년 차	5년 차	계
사업소득세	56	56	56	56	56	280
법인세	20	20	20	20	20	100
배당소득세*	33	33	33	33	33	165
절세액	3	3	3	3	3	15

* 법인의 소득금액이 2억 원이고 법인세를 2천만 원 공제하면 이익(잉여금)이 1.8억 원으로 산출되며, 배당소득 1.8억 원에 대한 금융소득종합과세 결정세액은 3.3천만 원임.

(장사장의 개인 또는 법인의) 사업소득금액이 2억 원일 때 세금(4)

(단위: 백만 원)

구분	1년 차	2년 차	3년 차	4년 차	5년 차	계
사업소득세	56	56	56	56	56	280
법인세	20	20	20	20	20	100
배당소득세*	25	25	25	25	25	125
절세액	11	11	11	11	11	55

* 법인의 소득금액이 2억 원이고 법인세를 2천만 원 공제하면 이익(잉여금)이 1.8억 원으로 산출되며, 배당소득 1.8억 원을 2인으로 구분하여 각 9천만 원에 대한 금융소득종합과세 결정세액은 당초 원천징수세금 14%를 넘지 아니한 12.6백만 원임(=2인 25백만 원).

그리고 바로 변컨설턴트로부터 전화가 왔다.

변 "팩스 넣어드린 2가지 사례를 보시면 첫 번째 사례(1인 주주)보다 두 번째 사례(2인 주주)가 배당소득을 분산시켜서 사실상 금융소득

종합과세를 피하고, 금융소득 원천징수세금인 14%만 적용받게 만들어서 세금을 줄이는 것이죠. 다만, 주주간 지분율이 다름에도 배당금을 동일하게 하려면 차등배당이 필요한 거죠."

장 "으음, 신기한 일처럼 보이기도 하겠지만 내가 개인소득이 2억 원일 때 사업소득세가 56백만 원이었고, 법인으로 전환하여 연봉 2억 원을 받아 가면 근로소득세가 49백만 원이라면서. 그런데 배당 같은 걸 써서 고작 줄인다고 줄인 것이 첫 번째 사례는 법인세와 배당소득세 합계가 53백만 원이고, 두 번째 사례는 법인세와 배당소득세 합계가 45백만 원일 뿐이지 않은가? 뭐 그다지 대단한 스킬이라고 할 바는 못 되는구먼."

장사장도 어느덧 세무사급 지식을 터득하고 있었다. 그도 그럴 것이 그간 얼마나 억울해 하면서 고민을 많이 했었단 말인가! 변컨설턴트는 내심 놀라고 있었다.

변 "헤헤… 그렇네요. 사람들은 명목세율에 속거든요. 상담사례와 같이 개인소득이 2억 원일 때 종합소득세율이 38%라면 38%가 세금인 줄 알지만 사실 세금을 소득으로 나누면 28%(=56백만 원/2억 원)가 실효세율이죠. 근로소득세율도 마찬가지죠, 24%(=49백만 원/2억 원) 정도 실효세율이 되고요. 그런데 법인세(10%)와 배당소득세(14%)를 제일 적게 내는 게 세율의 합계가 24%이니, 법인전환하면 법인소득에 24%는 최소한의 세금이라고 봐야 되겠지요. 그러니 차이가 거의 없죠."

개인 또는 법인의 사업소득금액이 2억 원일 때 세금별 실효세율

구분	실효세율
1. 개인사업소득세 부담	28%(=56백만 원/2억 원)
2. 근로소득세 부담	24.5%(=49백만 원/2억 원)
3. 법인세 및 배당소득세 부담	24%(=법인세 최저세율 10% + 배당소득세 최저세율 14%)

장 "그럼, 이번에도 또 한낱 숫자 장난으로 나를 속이려고 했던 건가?"

변 "그런 건 아닌데 차등배당은 사실, 증여세 부담 없이 배우자 및 자녀에게 부(富)를 이전하는 수단으로 활용할 수는 있어요. 그리고 가지급금의 상환재원을 마련하는 보조적 방법이 될 수도 있겠죠."

장 "그게 무슨 말인가?"

변 "현행 세법은 차등배당에 있어서 일단 배당지급시 배당소득 원천징수세금 14%를 과세하고, 배당포기한 개인주주에 대해서는 별도의 조치가 없어요. 그리고 초과배당받은 주주에 대해서는 초과배당 받은 주주가 포기·과소배당한 주주로부터 증여받은 것으로 보아 증여세 과세한다고는 하지만, 증여세가 소득세를 초과하는 경우로 한정하는 데, 즉 증여세 계산시 소득세 상당액을 공제한다는 뜻으로, 증여로 보는 금액이 늘어나면 배당소득세도 같이 늘어나기 때문에 배당금이 수십억 원이 넘어야만 증여세가 소득세보다 많아서 추가과세되거든요."

장 "아, 어렵구먼."

변 "쉽게 말해서 초과배당받은 주주는 배당소득에 대해 원천징수세금으로 끝나거나, 금융소득종합과세가 추가되는 세금 외에는 증여세는 별도로 없다는 얘기에요."

장 "그런데 그게 왜 배우자 및 자녀에게 부(富)를 이전하는 수단으로 활용할 수 있나?"

변 "원래 초과배당에 따른 이익의 증여규정이 생기기 전에는 사주(社主)가 배우자 및 자녀에게 증여하기 위한 재원을 법인의 배당금으로 자신이 챙겨가면 배당소득세를 일단 내게 되고, 다시 이를 배우자 등에게 증여하면 증여세를 내는 것으로 생각했었거든요. 그런데 초과배당에 따른 이익의 증여규정이 생기면서 배우자 및 자녀에게 주식 일부만 증여해 주고 차등배당 형식으로 배당금을 고액으로 직접 챙겨주면, 배당소득세만 내고 증여세는 안 내니 고액자산가 입장에서는 매우 나이스한 방법이 된 거죠."

장 "으음, 법이 납세자를 편하게 해 준 것이구먼…. 그런데 지금 내 사정에는 그걸 사용할 수 있을까? 증여수단 말고 가지급금 해소수단으로 말이지…."

변 "일단, 배우자 또는 자녀에게 사장님 회사 주식을 시가평가해서 주식 증여세 안 나오게 배우자는 6억 원 범위 내에서, 자녀는 5천만 원 내에서 주식을 증여해 주세요."

구분	증여재산공제
1. 배우자	6억 원
2. 직계존속	5천만 원
3. 직계비속	5천만 원(미성년자는 2천만 원)
4. 친인척	1천만 원

장 "그리고?"

변 "일단 급여나 퇴직금 받는 것이 보류라면 뭐, 잉여금으로 금융소득 원천징수세금 14% 외에 금융소득종합과세 안 되도록 세 분께 각각 1.3억 원*(3인 합계 3.9억 원)씩 배당하고, 배당소득세 각각 18백만 원(총 55백만 원)의 원천징수 신고납부만 하면 3년간 가족 전원이 수령한 총액은 딱 10억 원 정도 될 것입니다. 그것으로 가지급금 상환재원에 쓰세요."

(단위: 원)

구분	1인 기준	주주	총액
배당금액	130,000,000	3	390,000,000
배당원천세	18,200,000	3	54,600,000
배당수령액	111,800,000	3	335,400,000
연도			3년
총수령액			1,006,200,000

* G배당은 타소득이 없는 경우라면 1.3억 원까지 원천징수된 세금 외에 추가세금이 없다.

장 "그렇기도 하겠네. 다 좋으네만… 내가 가족에게 배당 줄 돈이 없구먼…. 또 가족에게 주는 척 숫자 장난만 치고 그랬다가는 더 큰 일이 날 듯하네…."

내가 받는 돈이 아닌 차등배당은 부의 무상이전 수단을 될 수 있을지 모르지만, 법인에 대한 본인의 채무인 가지급금 상환수단으로 활용하기에는 여러 가지 어려운 점이 있다.

그리고 부의 무상이전 수단이 되는 것조차 가족 외에 다른 주주가 있는 법인에게는 활용하기 어려운 수단이기도 하다. 왜냐하면 차등배당에 대해 상법상 무효를 제기할 수 있기 때문이다.

다만, 주주 간 분쟁의 소지가 있어 차등배당이 어려울 경우라도 증여재산공제를 이용하여 가족에게 주식을 증여하고 배당소득이 분산되도록 유도하는 것은 매우 좋은 절세방법이 될 수 있다.

○ 초과배당금액에 대한 증여세액이 초과배당금액에 대한 소득세 상당액보다 적어 「상속세 및 증여세법」 제41조의2 초과배당에 따른 이익의 증여 규정이 적용되지 않는 경우에는 해당 초과배당금액에 대하여 같은 법 제47조제2항에 따른 증여재산가액의 합산 규정을 적용하지 않는 것임. (서면-2016-법령해석재산-4195, 2016.10.25.)

○ 증여이익 계산시 증여일로부터 소급하여 1년 이내 동일거래 이익을 합산하는 경우에 초과배당으로 인한 증여이익*을 추가하여 중간배당을 통한 거래분할에 따른 조세회피 방지한다. '20.1.1. 이후 초과배당하는 분부터 적용한다. * 최대주주의 배당포기 등으로 최대주주의 특수관계인이 보유지분에 따른 균등한 배당금액에 초과하여 배당받는 경우

제 13 화

가지급금 없애는 이야기 다섯
– 직무발명보상금 활용

직무발명보상금으로 죽이기

장 '사업으로 번 돈에 대한 개인 사업소득세를 줄이기 위해 법인전환을 했고, 법인전환 후 대표이사 급여에 대한 근로소득세를 줄이기 위해 가지급금으로 생활했다. 그러나 가지급금인정이자, 인정이자의 상여처분, 지급이자 손금부인, 법인 신용평가 불량 등 여러 가지 아픔을 겪고서야 애당초 법인전환이라는 방법으로 개인 사업소득세를 줄이려고 했던 내가 바보였구나라는 생각이 든다. 결국 이것저것 해 봐도 아무런 실익이 없었어.'

그러나 장사장은 뒤늦은 후회를 하면서도 변컨설턴트의 가지급금 죽이기 솔루션에 미련을 버리지 못하였다. 그래서 이번에는 전화가 아닌,

직접 만나서 진솔한(?) 얘기를 듣고 싶었다. 그래서 상담료라고 생각하며 밀담을 나눌 수 있는 고급 횟집을 예약하고 변컨설턴트를 불러냈다.

변 "아, 장사장님. 이렇게 다시 뵈니 참으로 반갑습니다."

장 "아, 그간 내가 전화만으로 상담을 해서 미안했어. 그래서 맛난 음식도 먹으면서 진지하게 고민 상담을 해 보고 싶구먼."

변 "아예, 뭐든지 물어만 주세요."

예약했던 음식이 들어오고 맥주 한 컵을 비우고서 장사장이 궁금한 얘기를 털어놓는다.

장 "내가 법인을 해 보니 법인에서 생긴 잉여금을 세금없이 가지급금으로 가져가는 게 아주 달콤한 유혹이더라고. 그런데 나중에 보니 이 가지급금이 암 덩어리야. 점점 커지니까 내 사업의 생명까지 위협하는 것 같아."

변 "아, 그렇죠. 하지만 이것저것 찾다보면 가지급금을 죽이는 특별한 방법을 찾을 수 있지 않을까요?"

장 "그래? 그런데 여태 변컨설턴트가 내게 제안해 준 것은 급여를 올린다거나, 그 올린 급여를 기준으로 퇴직금을 받아간다거나, 또는 정기배당을 받아간다거나 혹은 다른 사람 명의로 해서 차등배당을 받아간다거나 해서 정리하라고 한 거 아닌가?"

변 "그게, 보통들 그렇게 하니까요."

장 "하지만 이제 와서 급여를 올리고 퇴직금을 올려 받는다고 쳐. 그럼 퇴직금을 받게 되면 나는 회사를 그만 두라는 건가?"

변 "퇴직하시고 고문하시면 되죠. 바지사장 하나 앉혀 두고서…."

장 "아, 이 사람. 내가 거래하는 허세무사에게 다 알아봤어. 퇴사 후 고문으로 취임하는 등 편법을 쓰면 현실적 퇴직으로 보지 않아서 그 퇴직금도 가지급금이 된다고 하더구먼…."

❑ 국심 2005서3309, 2005. 12. 27.

법인의 임원이 현실적으로 퇴직하는 경우 퇴직금을 지급할 수 있도록 규정하고 있는 바, 여기에서 법인의 임원이라 함은 직책 및 명칭 여하에 불구하고 사실상 임원의 직무에 종사하는 자를 말한다 할 것이므로 일정 직위에서 임원의 임무를 수행하다가 다른 직위로 보직이 변경되어 임원의 임무를 계속 수행하고 있다면, 이를 법인세법상 현실적인 퇴직으로 보기는 어렵다고 판단된다. 이 건의 경우, 김○○이 1997. 10. 10. 대표이사직을 사임하였으나, 퇴직금 정산 당시 및 그 이후에도 고문 및 공장장의 직위를 가지고 상무이사로서 직무를 계속 수행하고 있었고, 현재까지도 계속하여 상무이사로서 직무를 수행하고 있는 것으로 확인되는 바, 김○○의 1997. 10. 10.자 대표이사직 사임을 세법상 현실적인 퇴직으로 인정하기는 어렵다 할 것이다.

변 "아, 그런가요?"

변컨설턴트는 자기도 모르게 입을 샐쭉거리면서 내심 장사장이 뭘 얘기하고 싶어 자신을 불렀는지 생각한다.

장 "하여간, 퇴직할 수 없는 상태에서 급여를 올리는 것에 대한 개인 세금도 너무 많고, 돈도 없는데 이제 와서 가족 명의로 주식을 분산시켜 차등배당하는 것도 쉽지가 않네. 일단 돈이 없으니 숫자로만 장난해야 하는 것을 우리 애들과 아내한테 보이고 싶지 않아. 결국 배당을 하더라도 내 지분에 대한 정기배당만 받는 게 맞긴 한데, 그게 성에 차질 않는 금액이니… 결국 개인사업을 하면서 쿨하게 사업소득세를 내고 내가 번 돈, 내 맘대로 쓰는게 제일이었던 거 같은데?"

변 "뭐, 그럴 수 있습니다. 그런데 법인전환 후 가지급금으로 세금 안 내는 것을 즐기시다가 이제 와서 가지급금을 죽이면서 뭐 한 푼도 손해 보지 않겠다는 건 좀 아니지 않나요?"

변컨설턴트에게 불의의 일격을 받은 장사장은 얼굴이 벌겋게 달아 올랐다.

장 "뭐, 내가 전혀 세금은 안 내고 가지급금을 죽이겠다는 건 아니야. 혹시 좋은 방법은 또 없나?"

변 "과거부터 따져보자면… 2017년 이전에 가장 핫하게 가지급금을 죽였던 방법은 직무발명보상제도라는 것이었죠."

장 "직무발명보상제도?"

변 "그게 뭐냐면, 종업원 등이 직무발명에 대하여 특허 등을 받을 수 있는 권리나 특허권 등을 계약이나 근무규정에 따라 사용자 등에게 승계하게 하거나 전용실시권을 설정한 경우에는 정당한 보상을 받을 권리를 가진다는 발명진흥법 규정(제15조)이 있거든요. 그게 직무발명보상제도죠. 쉽게 말해서 임직원이 회사가 사용할 특허권 등을 발명해서 팔거나 사용하게 하고 돈을 받아가는 제도예요."

장 "그럼, 그게 어떻게 가지급금을 죽이는 방법으로 핫했지?"

변 "세법에서는 회사가 지급하는 직무발명보상금에 대하여 손비처리가 되니 첫 번째 혜택이었고, 아울러 회사의 연구 및 인력개발비 세액공제대상으로 규정되어 있어 법인세에서 세액공제(중소기업의 경우 지급액의 최소 25% 세액공제)를 받으니 두 번째 혜택이었고, 종업원 등이 받는 직무발명보상금은 소득세 비과세 대상이었으니 세 번째 혜택이었죠. 바로 삼중혜택… 최고의 가지급금 죽이기 수단이였습니다."

장 "그런데 지금은 어떤가?"

변 "지금도 여전히 직무발명보상제도는 유효하고, 회사에서는 손비처리가 되고 연구 및 인력개발비 세액공제대상도 되죠."

장 "대표이사도?"

변 "네, 대표이사에게 직무발명보상금을 줘도 회사에서 손비처리(즉시 비용 또는 자산계상 후 감가상각)하는 것은 업무관련성이 있어 당연한 것이고(법인46012-3102, 1994. 11. 11.), 세법상 연구 및 인력개발비 세액공제대상으로 기업이 그 종업원 또는 종업원 외의 자에게 직무발명보상금으로 지출한 금액을 규정하고 있으니 당연합니다. 게다가 소득세가 비과세되는 직무발명보상금은 임원의 직무발명도 포함된다고 유권해석(서면1팀-396, 2004. 3. 16.)하고 있거든요."

장 "아, 내가 발명만 할 수 있다면 그게 아주 좋겠구먼. 헤헤."

변 "그런데 이게 급브레이크가 걸렸어요."

장 "잉?"

변 "과거에는 임직원이 직무발명보상제도에 의하여 개발한 특허 등에 대하여 법인이 직무발명보상금을 지급하면서 삼중혜택을 누리고

자 실제보다 과다계상하여 지출하는 경향도 있었고, 이것으로 개인소득세의 부담 없이 가지급금을 해소하고, 회사는 연구 및 인력개발비 세액공제까지 받으려는 꼼수가 있었는데 2017년부터 개인이 지급받은 직무발명보상금에 대해 연 300만 원(2019년부터는 연 500만 원)까지 비과세하므로 나머지 금액은 모두 종합소득세를 내게 되었어요. 게다가 이게 기타소득이 아닌 근로소득으로 바뀌게 되는 까닭에 급여를 높여 주는 것과 다를 바가 없게 되어버렸거든요. 그러니 지금은 별로…."

장 "캬, 세법의 세계는 참 버라이어티하구먼…. 급여를 높여 주는 것과 별반 다를 바가 없다니…."

변 "어찌 생각해 보면 급여를 올려주는게 더 나아요. 퇴직금이라도 올라가니까. 그런데 직무발명보상금은 퇴직금을 높일 수 있는 급여 성격도 아니잖아요?"

장 "으음, 그렇구먼…."

변 "그렇지만 이 직무발명보상이라는 제도가 가지고 있었던 삼중 혜택을 잘 살펴보면 새로운 해답을 찾을 수도 있겠죠."

장 "그게 뭔가?"

변 "아예, 일단은 술이나 한 잔 하시면서 천천히 얘기를 나누지요."

발명진흥법에 따라 종업원 등은 직무발명에 대한 특허권 등을 계약이나 근무규정에 따라 사용자 등에게 승계하거나 전용실시권으로 설정한 경우 정당한 보상금을 받을 권리를 가지게 된다. 이를 '직무발명보상금'이라 한다.

세법은 회사가 지급하는 직무발명 보상금에 대하여 손비처리됨과 아울러 연구·인력개발비 세액공제대상으로 규정하고 있으며, 종업원 등이 받는 직무발명보상금은 2017년 이전까지 소득세 비과세 대상이었다.

따라서 기업의 임직원이 직무발명보상제도에 의하여 개발한 특허 등에 대하여 법인이 직무발명보상금을 지급하고 이를 승계 혹은 사용하게 하면 임직원의 보상액에 대하여는 종합소득세를 비과세하고, 법인은 연구 및 인력개발비 세액공제를 받을 수 있기 때문에 고액의 직무발명보상금을 설정하여 세금없이 임직원의 가지급금 변제수단으로 활용할 수도 있었다.

그런데 이러한 직무발명보상금이 절세수단 내지 가지급금 변제수단으로 활용되려면 상당한 금액의 평가를 수반하여야 한다. 따라서 실제보다 과다계상하여 개인소득세 부담 없이 가지급금을 해소하고, 연구비 세액공제까지 받으려는 경향이 있었다.

그러나 2017년부터 직무발명보상금은 연 300만 원(2019년부터는 연 500만 원)까지 근로소득세 비과세처리하고, 나머지는 근로소득세를 과세하게 됨에 따라 절세수단 내지 가지급금 변제수단으로의 활용가능성이 매우 낮아졌다. 당시 기획재정부가 발표한 개정 이유에서는 통상적인 등록보상액이 연 100만 원 수준임을 명시하고 있어, 전문연구기관 외 일반기업이 직무발명보상금을 가지급금의 상환수단으로 활용하는 것은 매우 어려울 것으로 판단된다.

제 14 화

가지급금 없애는 이야기 여섯 – 산업재산권 활용

산업재산권 등 개인 보유권리로 죽이기

장 "아까 직무발명보상금에서 새로운 해답을 찾을 수 있다는 게 또 뭔가?"

술 몇 잔을 나눠 마신 뒤, 장사장의 궁금증이 폭발했다.

변 "앞서 말씀드렸지만 직무발명보상금이 좋았던 것은 삼중 혜택이었잖아요. 그런데 없어진 혜택은 현재 연 500만 원을 초과하는 직무발명보상금에 대해 근로소득으로 과세한다는 거거든요."

장 "그렇지. 그래서 임직원에게 급여를 올려준 것과 다를 바가 없다고 했지."

변 "솔직히 회사에서 직무발명보상금을 주면서 연구 및 인력개발비 세액공제받으려고 작정하고 그러지는 않거든요. 결국 임직원이 회사로부터 받는 어떠한 돈에 대해 개인소득세만 절세돼도 괜찮은 방법이니까요."

장 "나도 그런 셈이지. 회사로부터 급여로 받는 게 세금이 싸냐? 퇴직금으로 받는 게 세금이 싸냐? 배당으로 받는 게 세금이 싸냐? 차등배당으로 받는 게 세금이 싸냐? 직무발명보상금으로 받는 게 세금이 싸냐? 이러고 있는 거지…."

변 "맞아요. 결국 회사로부터 임직원이 돈을 받아가야 가지급금을 변제할 수 있는데, 그게 개인세금이 붙게 되니까 싸게 처리하는 방법을 찾는 것이 핵심이잖아요?"

장 "맞구먼…."

변 "그럼 굳이 근로소득으로 과세되는 직무발명보상금이 아니라, 임직원이 특허권 등을 개발해서 회사에 직접 매각처리하면 임직원은 경우에 따라 사업소득 또는 기타소득으로 과세되니 이걸 이용해 보는 거죠."

장 "사업소득 또는 기타소득을 이용하다니 무슨 말이야?"

변 "특허권 등 양도에 따른 과세방법은 두 가지로 나누어 살펴볼 수 있습니다. 첫째 사업소득으로 과세되는 경우인데, 개인이 사업상 목적으로 일정기간 특허권을 대여하기로 하고 지급받은 대여료는 소득세법상 사업소득에 해당합니다. 이 경우 사업소득금액 계산 시 수입금액에서 공제되는 필요경비는 사실상 입증하기가 쉽지는 않기 때문에 업종별 추계경비(무형자산임대업의 2018년 귀속 단순경비율 54.9%, 기준경비율 19.9%)로 공제하면 될 것입니다."

특허권의 양도 등에 따른 소득구분은 다음과 같다.

❑ **소득세 집행기준 21-0-8**

【특허권의 양도 또는 대여로 받는 대가의 소득구분】

① 특허권의 등록을 한 거주자가 당사자 간의 계약에 의하여 해당 특허권을 일정기간 동안 계속적·반복적으로 사용하도록 하고, 그 대가(실시료)를 지급받는 경우에는 그 대가의 지급방식, 지급시기와 관계없이 사업소득에 해당하는 것이며, 일시적인 특허권의 대여로 인한 대가(실시료)를 지급받는 경우에는 기타소득에 해당한다.

② 특허청에 등록된 특허권 및 개인이 신규의 발명을 고안하여 특허를 출원 중인 상태에서 특허를 받을 수 있는 권리를 양도하고 받는 대가는 기타소득에 해당한다.

장 "추계경비가 뭔가?"

변 "사업자가 모두 장부나 증빙에 의해서 사업소득금액을 계산하고 그러지는 않아요. 장부나 증빙에 의하여 필요경비를 입증하기 어려운 경우, 국세청이 매년 업종별로 고시하는 추계경비율에 따라 일정 금액을 수입금액에서 필요경비로 공제해 줍니다."

장 "아하, 그렇구먼…."

변 "둘째, 특허권 양도계약을 체결하여 특허권 양도대가로 받는 금액은 소득세법상 기타소득에 해당해요. 이 경우 기타소득금액 계산 시 수입금액에서 공제되는 필요경비는 사실상 입증하기가 쉽지는 않기 때문에 2018년 3월까지는 수입금액의 80%, 2018년 4월부터는 수입금액의 70%, 2019년 이후에는 수입금액의 60%를 의제필요경비로 공제하면 됩니다. 그러니 2019년부터는 받는 돈의 40%

가 기타소득금액인 셈이죠."

장 "복잡하구먼… 아무튼 임직원이 회사에 특허권을 양도해서 받는 돈에 대해 세금을 계산할 때 소득금액이 근로소득보다는 사업소득이, 사업소득보다는 기타소득이 유리한 거구먼…."

변 "아, 하나를 가르쳐 드리면 두 개를 아시는 장사장님…."

장 "그럼 내가 특허권 같은 걸 가지고 있으면서 회사에 비싸게 팔고 기타소득세를 조금 내고, 그렇게 얻은 돈으로 회사에 대한 가지급금을 변제하면 되겠구먼."

변 "빙고."

장 "……."

변 "왜 그러십니까? 장사장님?"

갑자기 고개를 숙이며 낯빛이 어두워진 장사장을 보면서 변컨설턴트가 물었다.

장 "구슬이 서말이어도 꿰어야 보배인데… 내가 무슨 재주로 특허권을 가진다는 말인가?"

변 "그도 그래요. 사장님처럼 제조업이 아닌 일반업종을 하시는 분들은 특허권을 가진다는 게 쉽지는 않겠죠."

장 "또 특허권을 갖는다고 그게 또 얼마나 대단한 거라고 거액의 가지급금을 변제하는 수단이 될 수 있다는 말인가?"

변 "아, 그건 별개 문제입니다."

장 "별개 문제?"

변 "특허권의 평가는 공정성을 담보하기 위해서 통상 감정평가사에게 의뢰하거든요. 세법은 감정평가사를 통해 평가된 가치를 자산의 가치로 인정하는 법을 규정하고 있어요. 그래서 감정평가사들이 특허권 등 평가를 해 주면 되죠. 우리가 왈가왈부할 것은 아닙니다. 그리고 더 나가서 특허권 같은 건 기술평가라고 해서 기술보증기금에서 기술평가액이 나오기도 하는데, 이것도 공신력이 있다고 하더라구요."

장 "그렇다손 쳐도 내가 특허권을 가질 방법이 없네…."

변 "낙심하지는 마세요."

장 "무슨 방법이라도 있는가?"

변 "60% 필요경비를 공제해 주는 기타소득으로 특허권뿐만 아니라 광업권 · 어업권 · 산업재산권 · 산업정보, 산업상 비밀, 상표권 · 영업권(점포임차권을 포함한다), 토사석의 채취허가에 따른 권리, 지하수의 개발 · 이용권, 그 밖에 이와 유사한 자산이나 권리를 양도하거나 대여하고 그 대가로 받는 금품을 규정하고 있거든요."

장 "그게 뭔데?"

변 "요즘 떠도는 얘기를 들으니 상표권 같은 거? 브랜드 가치 이런 것으로도 감정평가가 된답니다. 그러니 개인이 상표권 등록하고 회사가 사용하여 얻는 수익이 생길 때 그걸 매각하는 것도 한 방법이겠죠."

장 "아, 좋은 얘기네만. 그것도 다 먼 미래의 이야기가 아닌가? 나는 지금 아무 권리도 가진 것이 없으니 말일세…."

임원 개인 소유의 산업재산권을 법인에게 양도 혹은 대여함으로써 그 매매대금이나 사용대금으로 임원의 자금확보가 가능하다. 특히 개인의 산업재산권 양도에 대하여는 기타소득세로 과세하고, 그 양도대금의 60%를 필요경비로 공제하는 규정을 적용받을 수 있으므로 절세가 가능하며, 법인은 산업재산권을 양수 혹은 임차함으로써 감가상각비 또는 사용료 명목으로 비용처리하는 장점이 있다.

다만, 이러한 산업재산권의 양수도가 절세수단 내지 가지급금 변제수단으로 활용되려면 상당한 금액의 평가를 수반하여야 한다. 현행 세법체계에 의하면 상속세 및 증여세법상 평가원칙에 따라 감정평가업자의 평가를 통해 무체재산권의 시가를 확정할 수 있다.

감정평가에 관한 규칙 제23조 무형자산의 감정평가에 의하면 감정평가업자는 영업권, 특허권, 실용신안권, 디자인권, 상표권, 저작권, 전용측선이용권(專用側線利用權), 그 밖의 무형자산을 감정평가할 때에 수익환원법을 적용하여야 한다고 규정하고 있다. 다만, 형식적 시가감정이 조세회피의 수단으로 악용된다면 이는 매우 우려스러운 일이다.

제 15 화

가지급금 없애는 이야기 일곱 – 개인사업의 법인전환시 영업권 활용

영업권으로 죽이기

장사장은 변컨설턴트가 말한 산업재산권으로 가지급금을 없앨 수 있다는 얘기에 문득 자신에게는 아무런 권리도 없었던 걸까라는 생각을 한다.

장 "변컨설턴트, 자네가 말하는 걸 듣고 있다 해도 내겐 법인에 팔 수 있는 아무런 권리가 없네…. 개인 이름으로 등록된 상표권도 특허권도. 그리고 향후 그런 권리를 등록하는 건 지금 당장 가지급금을 없애는 이야기도 안 되고…."

변 "으음… 그런데 말입니다."

장 "왜? 뭐 특별한 이야기라도 있는 건가?

변 "그게 예전에 개인사업을 하실 때 법인사업으로 전환하시면서 개인사업의 영업권을 법인에 매각하는 형식으로 해서 법인 돈을 미리 땡겨 올 기회는 있었을 겁니다."

장 "영업권? 그게 무슨 말이지?"

변 "개인사업을 법인으로 전환할 때 개인사업자는 법인에 포괄적으로 개인사업을 매각하거든요. 그때 매각대금의 산정시 개인사업의 영업권을 계상할 수 있답니다."

장 "처음 듣는 얘긴데…."

변 "그게 요즘에 우리같은 컨설턴트들은 법인전환 후 가지급금이 발생할 것을 대비해서 개인사업자의 법인전환 컨설팅을 할 때부터 개인사업의 영업권을 크게 계산해서 미리 법인 돈을 땡겨 올 구멍을 만들어 놓거든요. 그런데 수년 전에는 그런 분위기는 아니었어요. 알음알음 아는 사람만 이용했던 건데…. 요즘은 우리 컨설턴트들이 공격적으로 개인사업의 법인전환 시 활용하고 있어요."

장 "어휴, 지금 내게는 적용될 수 없는 방법이겠지만 개인사업의 영업권이 무슨 말인지나 들어보세. 그리고 어떻게 가지급금을 없앤다는 거야?"

변 "영업권이란 게 사업의 양도 · 양수 과정에서 양도 · 양수 자산과는 별도로 양도사업에 관한 인허가 등의 법률상 지위, 사업상 편리한 지리적 여건, 영업상의 이점 등을 감안하여 적절히 평가하여 유상으로 취득한 금액을 말합니다. 개인사업을 법인전환하면서 법인에 매각하면 영업권을 받을 상황이 생기는 거죠."

장 "영업권은 상표권이나 특허권처럼 등록하고 이런 거 없어?"

변 "그냥 사업상 영업상 이점을 감안해서 적절히 평가한 금액이에요.

세법상으로도 평가할 수 있고, 요즘은 감정평가사들이 개인사업체의 영업권을 평가해 줘요."

장 "세법상 얼마나 받을 수 있는데?"

변 "제가 정리해 둔 법인전환 컨설팅 자료인데, 이걸 보고 말씀드릴까요?"

변컨설턴트는 개인사업의 법인전환 컨설팅에서 사용하는 PT자료를 펼친다.

세법에서 규정한 재산의 평가규정의 원칙은 평가기준일 현재의 시가(時價)이다. 이 경우 시가에는 평가기준일 전후 6개월 내에 매매·감정·수용·경매 또는 공매로 확인되는 가액을 포함한다. 따라서 영업권의 평가도 감정가액에 의할 수 있다. 다만, 시가를 산정하기 어려운 경우에는 해당 재산의 종류, 규모, 거래 상황 등을 고려한 보충적 평가액을 시가로 본다.

앞서 감정평가에 관한 규칙 제23조 무형자산의 감정평가에 의하면 감정평가업자는 영업권, 특허권, 실용신안권, 디자인권, 상표권, 저작권, 전용측선이용권(專用側線利用權), 그 밖의 무형자산을 감정평가할 때에 수익환원법을 적용하여야 한다고 언급한 바 있다.

더 구체적으로 감정평가 실무기준 3.3.1 영업권의 감정평가에 따르면 영업권 평가의 원칙은 수익환원법을 적용하여야 하고, 그럼에도 불구하고 수익환원법으로 감정평가하는 것이 곤란하거나 적절하지 아니한 경우에는 거래사례비교법이나 원가법으로 감정평가할 수 있다고 규정하고 있다.

그런데 이러한 감정평가에 의하지 않는 경우로서 세법이 정하는 방법도 있다. 예를 들어, 2020년에 자신의 개인사업을 법인에 매각할 때 세법상 영업권 평가액을 알아보자.

개인사업의 영업권을 평가하는 방법의 1단계는 과거 3년간 개인사업장의 순손익액(사업장별 사업소득금액에서 사업소득세와 지방소득세를 공제한 금액을 말한다)을 가지고 가중평균하여 얼마의 순손익을 얻었느냐 계산하는 것이다. 실무적으로 과거 3개년 종합소득세 신고서를 보고 각 연도의 사업소득금액에서 사업소득세와 지방소득세를 차감한 뒤 연도별 가중치를 3 : 2 : 1로 곱하여 가중평균액을 산출한다.

만일 2019년부터 2017년까지의 그 사업장의 순손익액이 2019년 3억 원, 2018년 2.5억 원, 2017년 1.5억 원이라고 가정하면, 해당 사업의 가중평균된 순손익액은 258,333,333원으로 산출된다.

(단위: 원)

해당 사업연도	2019년	2018년	2017년	계
순손익액 (사업소득금액 기준)	300,000,000	250,000,000	150,000,000	$\frac{a+b+c}{6}$
가중평균액	× 3(a)	× 2(b)	× 1(c)	258,333,333

2단계는 이렇게 계산된 가중평균액의 50%에서 개인사업장의 자본총액(세무신고 시 제출한 재무상태표상의 자본상당액)의 10%를 차감해 초과수익금액을 산출한다. 세법에서는 투자자본의 10% 정도가 적정한 수익이고, 이를 초과하는 수익은 초과수익금액이라고 보는 것이다.

위 사례에서 만일 개인사업장의 재무제표상 자본액이 1.5억 원이라면, 초과수익금액은 114,166,667원으로 계산된다.

(단위: 원)

해당 사업연도	2019년	2018년	2017년	계
순손익액 (사업소득금액 기준)	300,000,000	250,000,000	150,000,000	$\frac{a+b+c}{6}$
가중평균액	×3(a)	×2(b)	×1(c)	258,333,333
가중평균액의 50%(A)				129,166,667
기준일 자기자본(B)				150,000,000
이자율(C)				10%
초과수익금액 (=A－B×C)				114,166,667

3단계는 이 초과수익금액이 5년간 계속 유지된다고 가정하고, 이 초과수익금액이 현재에 모두 실현될 때의 가치(이를 현재가치할인한다고 표현하고, 실무적으로는 초과수익금액에 3.79079를 곱해 산출한다)를 계산해 이를 개인사업장의 영업권 금액으로 본다.

따라서 이 사례에서의 영업권 금액은 432,781,858원(=114,166,667 × 3.79079)으로 평가된다. 이를 전체적인 표로 보면 다음과 같다.

(단위: 원)

해당 사업연도	2019년	2018년	2017년	계
순손익액 (사업소득금액 기준)	300,000,000	250,000,000	150,000,000	$\frac{a+b+c}{6}$
가중평균액	× 3(a)	× 2(b)	× 1(c)	258,333,333
가중평균액의 50%				129,166,667
기준일 자기자본				150,000,000
이자율				10%
초과수익력				114,166,667
영업권 유효연수				5년
현가계수(5년)				3.79079
영업권				432,781,858

장 "아, 복잡하구먼…. 그런데 내 케이스를 생각해 보면 내가 매년 2억 원 정도 개인사업소득금액이 있었고 5천만 원 정도 세금을 냈지(1단계). 그러면 순손익액은 1.5억 원 정도 되는 거 아닌가?"

가중평균 순손익액

$$= \frac{\text{최근 1년 순손익액} \times 3 + \text{최근 2년 순손익액} \times 2 + \text{최근 3년 순손익액} \times 1}{6}$$

변 "연도별 변동이 없으면 그렇게 계산하는게 맞죠."

장 "음, 그럼 내가 자본금 5천만 원짜리 법인을 설립한 것처럼, 개인사업 때도 한 5천만 원 정도 자본만 유지되었던 거 같아(2단계). 그럼 초과수익금액은 7천만 원이 되는 거지?"

초과수익금액(7천만 원)
= 가중평균 순손익액(1.5억 원)×50% – 자기자본(5천만 원)*10%

변 "잠시만요. 계산 좀… 아, 맞네요. 나보다 계산이 빠르시네."

장 "아, 그럼 거기다 3.8배 곱하면, 스마트폰 계산기를 때려보면(3단계)… 음, 2.85억 원 정도 나오는구먼…."

영업권(2.85억 원) = 초과수익금액(7천만 원)×3.79079

변 "빙고."

장 "그럼, 그 돈은 내가 법인에서 받을 수 있었던 돈이었단 말인가?"

변 "네, 그런데. 그게 영업권 최소금액이라고 보면 돼요. 세무사가 이렇게 세법에 따라 가계산해 둔 뒤에 감정평가사에게 의뢰해서 더 큰 영업권이 나오면 그걸로 하니까요."

장 "그럼, 애초부터 나는 3억 원 정도는 법인으로부터 공짜로 받아 올 수 있었던 거야?"

변 "네, 그런데 공짜는 아니에요. 아까 말씀드린 것처럼 개인 보유 영업권을 양도하면 기타소득으로 보아, 2017년 이전에는 영업권 양도금액의 20%가 소득금액이었고 현재는 40%예요. 그 당시로 영업권이 3억 원이면 기타소득금액으로 6천만 원 산정해서 종합소득세를 내야 돼요."

장 "그깟 6천만 원에 세금이 얼마 붙는다고… 3억 원이나 떨어지는 일이었는데 내가 놓친 거야."

변 "뭐 그때는 저도 사업하는 입장이었지, 이렇게 컨설턴트가 될 줄 알았습니까? 저도 법인전환하면서 못했었어요."

장 "아니 그때 나에게 법인전환하라고 꼬신 건 당신이었는데, 이 좋은 얘기를 그땐 안 해주고서 이제 와서 몰랐다는 거야? 그런데 당신이 내게 컨설팅을 해 주는 이유는 도대체 뭐야?"

변 "미안하구요. 저도 이제 장사장님께서 가지급금을 없애는 뾰족한 수가 있으면 도와드리고… 제 얘기 좀 할려고 했죠."

장 "무슨 얘기?"

변 "저희가 가지급금 컨설팅이나 법인전환 컨설팅은 전문가의 도움을 받아 잘 도와드리는 대가로 법인 임원에게 좋은 CEO보험을 소개하고 있습니다. 이게 납입보험료도 비용처리하기도 하고 10년 이상만 유지하시면 원금도 찾을 수 있는…."

장 "그럼 10년 이상 유지 안 되면 어떻게 되는 건데?"

변 "이게 저축성 보험이 아니고, 보장성 보험이라 10년 이상 유지 안 되면 어쩔 수 없이 원금보장은 안되긴 합니다. 그렇지만 10년 이상만 유지하시면 그때부터는 원금보장, 이후에는 5년마다 원금의 10%씩 추가환급금이 있기도 하거든요."

장 "그런 거였구먼…. 내가 법인전환해서 이렇게 상황이 나빠져 버렸는데… 앞으로 10년 이상 법인사업을 유지할 수나 있을까 싶네만… 아무튼 내겐 해당사항이 없어."

변 "그럼, 저도 이제 더 이상 무료상담만 해 드리기가…."

2011년 기준 소상공인을 포함한 중소기업자는 약 320만에 달하고, 중소기업의 평균수명은 12.3년이라 한다. 신설기업의 경우 창업해서 2년 뒤에도 생존하는 기업은 50%가 안 되고, 5년 이내에 폐업하는 비율은 76.4%나 된다는 통계가 있다. 즉, 통계적으로 볼 때 중소기업자의 5년 이상 생존확률은 23.6%에 불과하다.

아무튼 개인사업의 법인전환시 영업권 평가가 요즘 핫하다. 그래서 절세를 위한 법인전환을 생각하는 개인사업자들의 문의가 많지만, 법인전환시 가장 중요한 것은 그 목적이 명확해야 한다는 것이다.

그저 개인사업의 영업권을 평가해서 법인에 양도하고, 그 양도대금을 저렴한 세금으로 취하겠다는 식은 좋은 아이디어가 아니다. 개인적 생각으로 개인사업의 법인전환은 가업의 상속으로 인한 상속세가 40~50%에 육박할 정도로 클 때, 가업상속공제를 안정적으로 받기 위해 설계하거나, 거액의 자본을 끌어들여 사업을 큰 규모로 확장할 때 실행하는 것이 맞다고 본다.

그런데 만약 영업권 양도로 인한 이익을 최대한 취한다고 가정한다면, 법인전환 시기는 개인사업이 가장 잘 될 때를 기준으로 해야 한다. 왜냐하면 영업권의 세법상 평가는 과거의 수익실적을 바탕으로 계산하는 것이고, 감정평가도 향후 수익을 예견하여 환원할 때 수익산정 기준을 과거의 수익실적 기준으로 하기 때문이다.

제 16 화

가지급금 없애는 이야기 여덟 – 임차보증금 활용

개인소유 부동산을 법인에 임차하여 죽이기

그렇게 장사장은 변컨설턴트에게 두 번째 당하고 말았다.

개인사업의 세금이 많으니 법인전환하라고 컨설팅하고, 법인전환할 때 영업권을 계상하여 회삿돈을 많이 받을 수 있도록 한다고 하고, 그 돈을 다 취하고 나면 법인 돈을 무상으로 가져가는 가지급금이 생기고, 이런 가지급금을 다시 없애주겠다는 컨설팅이 생기고, 세상은 정말 요지경이구나라는 생각이 들었다.

하지만 장사장에게는 이미 10억 원에 가까운 가지급금이 있는 터. 이를 어떻게든 없애는 생각에 골몰하다가, 문득 세무사무실의 방대리가 떠올랐다.

장 '방대리, 방대리도 실무를 많이 하다보면 가지급금 없애는 비술(秘術)을 알고 있지 않을까?'

장사장은 허현무 세무사무실의 방대리에게 전화를 걸었다.

장 "거기 허현무 세무사무실이죠? 저는 (주)○○실업 장사장이라고 하는데요, 저희 회사 담당인 방미선 대리 좀 부탁드립니다."

방 "제가 방대리입니다. 사장님."

장 "방대리님, 다름이 아니고 내가 요즘 가지급금 때문에 머리가 아파 죽겠어요. 부탁인데 방대리만 아는 가지급금 없애는 방법이 없을까?"

방대리는 뜬금없는 장사장의 질문에 당황했지만, 장보원 세무사가 삼일아이닷컴에 기고한 가지급금 없애는 방법에 대한 비판적 제언이라는 칼럼을 떠올렸다.

방 "우선 대표자 급여 인상을 통해 가지급금을 변제하는 건 어떠세요? 장기적으로 보면 임원의 퇴직금도 증가시켜서 가지급금을 줄일 수 있지 않을까요?"

장 "그건 이미 한번 검토해 봤는데, 급여 인상시 근로소득세와 4대 보험 부담 때문에 쉽지 않겠어."

방 "그렇다면 법인으로부터 배당을 받아서 가지급금을 변제하는 방법은 어떠세요? 제가 언뜻 알기로 차등배당을 활용하면 가족들을 통해서 가지급금을 줄이는 방법도 있다고는 하던데."

장 "배당이 그나마 현실적인 대안이긴 한데… 그것도 당장 돈이 있어야지…. 쉽지는 않겠어. 가지급금으로 다 빼갔으니 가족들에게 실제 배당해 줄 현금이 있나."

방 "어떤 회사는 대표이사가 특허권이나 상표권 같은 무형자산을 법인에 매각해서 매각자금으로 가지급금을 상환하기도 하던데요. 어떠세요?"

장 "내가 그런 게 어딨겠어. 법인전환할 때 개인사업의 영업권도 못 챙긴 나인 걸…."

방 "그러시면… 사실 저희 허세무사님께서 요즘 가지급금과 관련해서 이런 저런 일들을 보고 있으신 것 같은데, 언젠가 제게 어떤 회사의 가지급금을 임차보증금으로 계정과목 대체하라고 하셨거든요. 그걸 물어봐 드릴까요?"

장 "음… 그래? 그럼 허세무사님께 내가 직접 물어볼게. 지금 계시면 전화 좀 돌려줘."

방대리는 허세무사에게 전화를 연결한다.

방 "세무사님, (주)○○실업 장사장님이에요. 가지급금과 관련해서 여쭐 것이 있다고 하니 전화받아보세요."

허세무사는 쓰다만 논문 원고를 덮고 장사장의 전화를 돌려받는다.

허 "안녕하세요, 장사장님. 가지급금과 관련해서 물어보실 얘기가 있다시지요."

장 "네, 가지급금으로 자주 전화드리네요. 그런데 방대리 말로는 허세무사님께서 가지급금과 관련해서 이런 저런 일들을 보고 계신다 들었는데 맞아요?"

허 "그게 요즘 하도 주변에서 가지급금 없애는 얘기를 해서 이제 제가 직접 나서서 처리하는 것도 나쁘지 않겠다 싶더라구요. 제 주변에 경영 컨설팅한다는 업체에서 제게 컨설팅 용역비를 나누어 줄테니 가지급금 없애는 컨설팅이나 법인전환 컨설팅을 같이 하자고 하는데, 그것보다 제가 직접 클라이언트에게 설명하고 진행하는 게 순리같아서 요즘 직접 나서고 있습니다."

장 "아, 그럼 잘 되었네요."

허 "사장님도 가지급금 때문에 골치가 많이 아프시죠."

장 "등잔 밑이 어두웠네요. 제가 아는 지인이 제게 개인사업을 법인사업으로 전환하면 세금이 싸다해서 법인전환한 후, 절세효과를 유지하기 위해 법인으로부터 가지급금을 받아와 생활하다 보니 사태가 여기에 이르렀는데, 최근까지도 저는 가지급금 없애는 컨설팅을 그 지인으로부터 받아왔거든요."

허 "그러셨군요. 그 분이 뭐라고 하던가요?"

장 "급여인상, 퇴직금정산, 배당지급, 차등배당지급, 특허권 매각, 영업권 양도 같은 얘기를 나눴습니다."

허 "그렇군요. 그럼 한 절반은 온 셈이네요."

장 "그게 무슨 말인가요? 제게 절반의 카드가 남아 있다는 얘기신가요?"

허 "카드가 있을 수도 있고 없을 수도 있죠. 회사의 자금사정이나 본인의 개인사정에 따라 다른 거니까요. 그럼 잠시 사장님 회사 재무제표 좀 열어 볼께요."

허세무사는 (주)○○실업의 장부를 살펴본다. 그리고 지난 연도에 신고한 이런저런 세무신고서식을 들여다 본다.

허 "음… 사장님, 그러고 보니 지금 법인이 사장님 소유의 오피스에서 영업을 하시는 것 같은데 맞으시죠?"

장 "그렇죠. 그래서 회사로부터 얼마간 월세를 받고 있죠."

허 "보증금은 1천만 원 밖에 없고 주로 월세인데, 그 월세를 전세로 바꾸시는 건 어떤가요?"

장 "네?"

허 "가지급금이란 게 빌려준 회사 입장에서는 대여금 자산이고, 빌린 대표님 입장에서는 차입금이거든요. 그런데 회사의 가지급금 자산에 대해서는 세법이 많은 규제를 해요. 적정이자를 안 받으면 인정이자라는 걸 계산해서 회사에 수익으로 가산하고, 경우에 따라서 가지급금을 빌려간 사람에게 배당이나 상여로 소득처분도 하구요."

장 "네, 일전에 제가 인정이자 때문에 허세무사님과 통화한 기억이 있습니다."

허 "그러시죠. 게다가 회사에 대출이자가 있어도 가지급금이 함께 있으면 그 대출이자도 세무상 경비인정이 안 되고요, 법인 신용평가시 건전한 자산으로 인정받지도 못하고. 혹여 대여금 자산이 떼여도 비용처리도 안되죠…."

장 "네, 맞습니다. 그건 그런데 왜 전세 얘기를 하신 거죠."

허 "그 가지급금 자산을 임차보증금 자산으로 대체처리할 수만 있으면, 가지급금이 재무제표에서 사라지고 그에 대한 규제도 없어지거든요."

장 "음, 그러니까 줄곧 제가 받은 컨설팅은, 회삿돈을 세금이 최소화될 수 있도록 빼와서 가지급금을 변제하는 건데, 이 방식은 회삿돈을 따로 빼오지 않아도 되는군요."

허 "네 맞습니다. 요즘 감정평가법인에서 임차보증금 평가도 해 주거든요. 요즘처럼 이자가 낮은 때 월세를 전세로 전환하면 보증금이 꽤 평가될 거예요. 다는 아니더라도 얼마간은 가지급금을 정리하실 수 있으실 겁니다."

장 "그럼, 일단 그것부터 처리하죠. 어떻게 해야 하나요?"

허 "사장님이 직접 감정평가업자를 물색하셔도 좋고, 정 아시는 분이 없으시면 제가 아는 감정평가사에게 사장님 사정을 말씀드리고 찾아뵙도록 할 수도 있습니다."

장 "그럼, 허세무사님께는 제가 따로 해 드릴 건 없나요?"

허 "따로 해 드릴 거 없으라고 제가 이렇게 나서게 되었네요."

장 "아이고, 감사합니다. 하하."

이렇게 장사장은 소소하게나마 가지급금 일부를 임차보증금으로 털어냈다. 그렇지만 사실 생각해 보면 회사가 다른 곳으로 이전할 때, 그 임차보증금은 다시 가지급금으로 전환될 수 밖에 없을 것이다. '언 발에 오줌누기' 식이지만, 그래도 장사장은 아무런 대가없이 도와준 허세무사가 고마웠다.

업무무관 가지급금

세무사 장보원

대표자 가지급금이 뭐냐고 묻길래
회삿돈을 사적으로 빼간 거라 했더니

내회사 내맘대로지 무엇이 문제냐고
개인사업 세금많아 법인전환 했다란다

하지만 회삿돈을 내돈같이 쓰다보면
네돈이 내돈같고 내돈도 네돈같아

가지급금 인정이자 지급이자 손비부인
인정이자 소득처분 기업평가 불량자산

맘대로 하시는게 능사만은 아니라고
아무리 얘기해도 그 버릇을 못고치네

제 17 화

가지급금 없애는 이야기 아홉 – 개인 소유 부동산 활용

개인 소유 부동산으로 죽이기

장사장은 허세무사의 조언을 받아 가지급금 일부를 임차보증금으로 털어낸 뒤, 문득 또다른 아이디어가 떠올랐다.

장 '음, 가지급금을 내 소유 오피스의 임차보증금으로 털어낼 수 있었다면, 그냥 오피스를 비싼 값에 법인에 파는 것은 어떨까?'

생각이 여기에 미치자, 장사장은 급히 허세무사에게 전화를 건다.

방 "세무사님, (주)○○실업 장사장님이에요. 요즘 전화가 잦으시네요. 호호."

허 "그 분이 가지급금 죽이기에 돌입하신 것 같아. 이것저것 더 물어볼 것도 같아. 바꿔줘요."

허세무사는 장사장의 전화를 돌려받는다.

허 "안녕하세요, 장사장님. 또 어쩐 일이세요?"

장 "네, 오늘도 가지급금에 대해 문의 좀 드리려구요. 제가 얼마 전 제 소유의 오피스를 법인에게 월세에서 전세로 전환하면서 그 전세보증금으로 가지급금 일부를 상환했잖습니까? 허세무사님 조언으로요."

허 "그러셨죠."

장 "그런데 말입니다. 제가 아예 제 오피스를 법인에 파는 건 어떨까요?"

허 "허. 나쁘지 않은 아이디어입니다. 그런데 오피스의 시가가 얼마나 하나요? 전세보증금과 차이가 큰가요?"

장 "아, 주변 상가주인들에게 물어 보니 요즘 그게 오피스에 공실이 많아서 시세가 얼마 안되나 보더라구요. 이번에 전세보증금으로 3억 원 평가받았는데 매매로 하면 4억 원 내외가 될 것 같습니다."

허 "그럼 시세가 4억 원이라고 가정하고, 취득가액이 얼마나 되나요?"

장 "취득가액은 3억 원 정도입니다. 취득세, 등록세, 법무비용 낸 것까지 하면 1천만 원 정도 더 추가될 것 같네요."

허 "개인 소유 부동산을 매각하면 일단 양도차익에 대해서 양도소득세가 붙게 됩니다. 말씀하신 내용으로만 보면 양도차익이 9천만 원 정도 되는군요. 거기에 부동산 보유기간에 따라 최대 30%의

장기보유 특별공제를 하게 됩니다. 그러면 양도소득금액이 63백만 원(=9천만 원×70%) 나오고 양도소득 기본공제 2.5백만 원 빼면 과세표준이 6천만 원 정도, 세율이 24%라 지방소득세까지 1천만 원 조금 더 나오는군요. 그리고 장기보유 특별공제라는 게 2019년부터는 보유기간이 15년 이상 되어야 30% 빼주니, 보유기간이 15년 미만이면 세금이 더 많아져요."

(단위: 원)

	양도가액	400,000,000
(−)	취득가액	300,000,000
(−)	기타필요경비	10,000,000
(=)	양도차익	90,000,000
(−)	장기보유 특별공제	27,000,000
(=)	양도소득금액	63,000,000
(−)	양도소득 기본공제	2,500,000
(=)	과세표준	60,500,000
(×)	세율	24%
(=)	양도소득 산출세액	9,300,000
	지방소득세	930,000
	계	10,230,000

(단위: 원)

과세표준	세율	누진공제
1,200만 원 이하	6%	-
4,600만 원 이하	15%	1,080,000
8,800만 원 이하	24%	5,220,000
1.5억 원 이하	35%	14,900,000
3억 원 이하	38%	19,400,000
5억 원 이하	40%	25,400,000
5억 원 초과	42%	35,400,000

보유기간	공제율(2018년까지)	공제율(2019년 이후)
3년 이상 4년 미만	10%	6%
4년 이상 5년 미만	12%	8%
5년 이상 6년 미만	15%	10%
6년 이상 7년 미만	18%	12%
7년 이상 8년 미만	21%	14%
8년 이상 9년 미만	24%	16%
9년 이상 10년 미만	27%	18%
10년 이상 11년 미만	30%	20%
11년 이상 12년 미만	30%	22%
12년 이상 13년 미만	30%	24%
13년 이상 14년 미만	30%	26%
14년 이상 15년 미만	30%	28%
15년 이상	30%	30%

장 "그 말씀은 제가 법인에 제 소유의 오피스를 매각하면 최소 1천만 원 정도 세금을 내야한다는 말씀이신가요?"

허 "그렇죠. 게다가 법인이 4억 원에 오피스를 취득하면 4.6% 정도의 취득세를 내야 하니, 그 세금이 1천8백만 원 이상 나와요."

장 "그럼, 가지급금 1억 원을 없애는데 3천만 원 가까운 돈을 또 들여야 한다는 말씀이시군요."

허 "맞아요. 늘 그렇지만 장사장님은 숫자 감각이 남다르시네요. 그런 센스면서 가지급금이 이렇게 많이 늘어난 것이 신기하기까지 할 지경입니다."

장 "계산만 빠르면 뭐합니까? 로직을 모르는데, 로직을. 아무튼 허세무사님 의견은 지금 오피스를 법인에 전세 주는 게 낫고, 양도해 봐야 별 실익이 없다는 말씀으로 들리는데 맞나요?"

허 "제 생각에는 그렇습니다."

장 "그럼, 뭐 뾰족한 수가 없나요?"

허 "그 가지급금을 없애는 방법이라는 게 기본적으로, 개인이 가진 것을 법인에다 주고 법인에 쌓여 있는 가지급금을 없애는 거죠."

장 "그럼 제가 가진 금반지, 시계 등도 털어서 넣을까요?"

허 "금반지나 시계를 중고로 팔아서 현금화시켜서 변제하는 것도 방법이겠죠. 그렇지만 뭐 그렇게까지 하는 경우는 못 봤습니다."

장 "그럼, 뭘 팔면 될까요?"

허 "보험, 차량, 서화나 골동품, 부동산, 각종 회원권 등 개인 명의의 재산이 있는 경우 이를 법인에 유상양도하면 자금도 확보하면서 계속적으로 사용수익을 유지할 수 있어 큰 장점이 되기도 합니다. 다만 보험과 차량은 유상양도시 세금이 없지만, 서화나 골동품은 기타소득세가 과세됩니다. 그리고 부동산과 각종 회원권은 양도소득세가 과세되죠."

장 "그럼, 가격은 어떻게 산정할까요? 좀 높게 쳐서 받으면 안 되나요?"

허 "보험이나 중고차량은 가격이 정해져 있을 테고, 서화나 골동품, 부동산과 각종 회원권의 경우 원칙은 시세대로 하는 것인데, 시세가 정확하지 않은 경우 감정평가업자에게 감정을 받아서 거래하면 됩니다."

장 "가격을 시세보다 높게 쳐서 거래하면 안 되나요?"

허 "그건 아주 나쁜 선택입니다. 회사에 시가보다 높게 고가로 양도하면, 오히려 개인과 법인의 매매거래를 통해 법인이 개인에게 이익을 분여받은 것으로 보아서 개인에게 상여처분을 하거든요. 혹 떼려다가 혹 붙이는 격이죠. 게다가 일단 서화나 골동품, 부동산이나 회원권 가격을 높게 산정하면 할수록 개인의 기타소득세 또는 양도소득세 부담이 커지기도 합니다."

장 "뭐 맨 날 그렇습니까? 뭐만 하면 세금이네요."

허 "그걸 부당행위계산의 부인이라고 하는데요. 부당행위계산 부인제도는 특수관계인 간의 부당한 행위·계산으로 조세부담을 감소시키는 경우, 조세부담이 감소된 자에 대해 과세표준 및 세액을 시가에 따라 재계산해 세금을 추징하는 제도입니다. 예를 들어, 사장님께서 가지급금을 탕감해 보기 위해 법인에다가 별 쓸모도 없는 자산을 양도하고 대금을 거액으로 쳐서 받아갔다고 생각해 보세요. 법인의 이익이 특수관계인에게 흘러들어가고 결국 그 쓸모없는 자산이 감가상각이나 손실로 처리되어 법인세도 줄이는 역할을 할텐데, 국가가 이를 규제하는 건 당연한 거 아닌가요?"

장 "네, 그렇긴 하네요. 하긴 저는 구형 차량 한 대와 오피스 부동산, 주식 조금 외에는 가진 것도 없고 가격을 임의로 정할 수도 없다고 하니 부당행위계산을 할 주제가 못됩니다."

제 18 화

가지급금 없애는 이야기 열 – 개인 소유 동산 활용

주식 등 개인 소유 동산으로 죽이기

허 "주식을 조금 가지고 계신다니 혹시 그걸 팔아 보시는 것은 어떠세요?"

장 "개인 보유주식을 법인에 양도하면 세금이 어떤가요?"

허 "음, 상장주식과 비상장주식으로 나누어서 세무상 취급이 좀 다릅니다."

장 "상장주식은 거래소에서 거래되는 건데 법인에 팔면 어떤가요?"

속칭 '개미'라고 불리는 개인의 주식거래는 주로 코스피 주식, 코스닥 주식, 코넥스 주식과 같이 거래소에 상장되어 있는 주식을 거래하는 것을 의미한다. 이러한 상장주식을 사고팔 때에 있어 주식을 살 때는 세금이 없지만, 주식을 팔 때는 세금이 있다.

일단 주식을 매각할 때 증권거래세와 농어촌특별세를 과세하는데, 세율(매각금액에 적용)은 다음과 같다.

구분	상장주식			비상장주식
	코스피 주식	코스닥 주식	코넥스 주식	
증권거래세	0.1%	0.25%	0.1%	0.45%
농어촌특별세	0.15%	–	–	–

거래소에 상장된 주식인 코스피, 코스닥, 코넥스 주식을 장내에서 거래할 때는 증권회사가 증권거래세와 농어촌특별세를 원천징수 신고·납부해 준다.

따라서 대다수의 개인투자자들은 주식과 관련한 이런 세금에 별로 신경 쓰지 않는다.

그런데 개인이 상장주식을 거래할 때 얻는 주식양도차익에 대해서는 양도소득세 납세의무가 있을까? 그것은 대주주 여부와 거래장소에 따라 다음과 같이 달리 적용된다.

- 상장주식
  - 대주주 × — 장내거래는 과세제외하나 장외거래는 과세
  - 대주주* ○
    - 중소기업주식 — 20%, 25%
    - 중소기업 외 주식
      - 1년 미만 보유 : 30%
      - 1년 이상 보유 : 20%, 25%

* 대주주 세율은 과세표준 3억 원을 기준으로 종래 20% 단일세율에서 20%와 25% 2단계 초과누진세율로 변경됨.

상장주식의 대주주가 아닐 경우에는 장내에서 거래하면 양도소득세 납세의무가 없다. 사실상 개미들은 특별히 장외거래로 상장주식을 거래할 특별한 이유가 없기 때문에 대부분이 양도소득세 납세의무가 없는 것이다. 그러나 장외거래할 경우에는 양도소득세가 과세된다.

대주주는 통상 1년 미만 보유자가 아닌 한, 종래 20% 단일세율 제도를 적용하였는데 현재 중소기업 외 주식은 과세표준 3억 원을 기준으로 20%와 25%로 2단계 초과누진세율구조로 과세하고, 중소기업 주식은 2020년부터 2단계 초과누진세율로 과세될 전망이다.

그리고 현재 상장주식의 대주주란 코스피 주식은 종목별 지분율 1% 또는 시총 15억 원, 코스닥 주식은 지분율 2% 또는 시총 15억 원, 코넥스 주식은 지분율 4% 또는 시총 15억 원 이상 보유자를 말하지만, 2020년에는 시가총액 10억 원, 2021년부터는 시가총액 3억 원 이상인 경우에도 대주주로 보아 주식 양도소득세를 부과할 전망이다.

허 "법인이 직접 주식을 팔면 상장주식이라도 양도소득세를 내야 합니다. 거래소에서 팔면 대주주가 아닌 한 양도소득세가 없는데, 장외거래는 양도소득세가 있기 때문에 그래요."

장 "그러면 상장주식을 법인에다 파는 건 손해 보는 일이군요."

허 "그렇다고 봐야죠."

장 "그래도 만약 대주주라면 세금이 있는 거니까, 법인에 매각하는 것을 궁리도 해 보겠네요. 그런데 그 상장주식의 대주주란 게 대단한 모양입니다."

허 "으음. 상장주식의 대주주란 게 지분비율이나 보유하고 있는 개별 종목별 시가총액이 일정 수준을 넘느냐 안 넘느냐로 판단하는데요, 개미들은 어차피 지분비율은 넘지 않을 테니까 자신이 보유한 개별 종목별 시가총액 정도만 알아도 충분합니다."

장 "개별 주식의 시가가 얼마나 되어야 대주주인가요?"

허 "그게 제 남동생 얘기로 설명드리면 더 이해가 빠르실 것 같아요. 실은 제 남동생이 2018년 초에 아파트 팔고서 남은 돈 4억 원을 코스닥 대형주식에 투자했어요. 그런데 그게 2018년 말로 12억 원까지 올랐다고 하더군요."

장 "아, 엄청나게 재미를 봤구먼요. 아무튼 그런데요?"

허 "그런데 그 친구가 거래하는 증권사에서 2019년 2월 기준으로 보유 종목의 시가총액이 16억 원이 되었다면서 시가총액 15억 원이 넘으면 대주주이니 추후 등락을 보고 15억 원 미만일 때 팔라고 그랬다더군요."

장 "아, 부럽네요."

허 "그런데 상장주식의 대주주 판정기준에 있어 시가 총액기준은 주식의 양도일이 속하는 사업연도의 직전 사업연도 종료일 현재 주주가 보유한 시가총액을 기준으로 하는 것이에요. 연도별로 보자면 2018년 3월까지는 종목별로…, 제가 표 한 장을 카톡으로 넣어 드릴께요"

- 2018년 3월 31일까지 양도하는 경우: 코스피 25억 원, 코스닥 20억 원, 코넥스 10억 원
- 2018년 4월 1일부터 2020년 3월 31일까지의 기간 동안 양도하는 경우: 상장불문 15억 원
- 2020년 4월 1일부터 2021년 3월 31일까지의 기간 동안 양도하는 경우: 상장불문 10억 원
- 2021년 4월 1일 이후 양도하는 경우: 상장불문 3억 원

장 "카톡을 보니 2019년 2월에는 시가총액 기준으로 15억 원이 넘어서 남동생 분이 대주주가 맞잖아요?"

허 "아까 제가 시가총액 판단기준은 양도일 기준이 아니라 직전 연도말 기준이라고 했잖아요. 그래서 2018년 말 15억 원이 넘지 않으니 2019년 중 언제 팔아도 아무 상관없이 시가 총액기준으로 대주주가 아닙니다. 그리고 코스닥 대형주식이라면 지분비율 기준도 2%가 넘지 않을테니 그 기준으로도 대주주가 아니죠."

장 "아, 듣고 보니 그렇네요. 그나저나 조금의 상장주식을 가지고 가지급금 죽이는 얘기만 하는 제게는 너무 부러운 얘기군요."

제 19 화

가지급금 없애는 이야기 열하나 – 자기주식 매매 활용

자기주식 매매로 죽이기

장사장은 가지급금을 없애기 위해 자기 소유의 부동산이나 주식 등으로 변제하는 것까지 고민하기 시작했지만 늘 고민은 많고 행동은 느린 법, 못하는 이유는 백 가지도 넘는다.

오늘도 장사장은 깊은 고민 끝에 허세무사에게 전화를 건다.

장 "허세무사님. 제가 가지고 있는 상장주식을 털어서 가지급금을 변제하는 것 말고는 방법이 없을까요? 예를 들어, 제가 우리 회사의 1인 대주주니까 회사주식을 회사에 파는 건 어떨까요?"

결국 장사장은 자기주식으로 가지급금을 없애는 방법까지 알아내게 되었다.

허 "음, 하나를 알려주면 둘을 아시는 장사장님이시군요. 그 자기주식 매각을 통한 가지급금 죽이기가 한 때 열풍이었어요."

장 "아, 그렇습니까?"

허 "2015년 말까지만 해도 중소기업 주식을 매매하면 매매차익의 10%를 주식 양도소득세로 납부하면 되었기 때문에 중소기업 오너가 자신이 보유한 주식을 해당 기업에 매각하는 자기주식 매매 방식으로 절세 아닌 절세를 했어요."

장 "그게 왜 절세가 되는가요?"

허 "생각해 보세요. 중소기업을 설립할 때 보통 자본금 5천만 원으로 시작해요. 그런데 회사가 이익을 내고, 대표자는 급여로 회삿돈을 가져가는 대신 가지급금으로 회삿돈을 빼오죠. 그러니 회사의 이익잉여금과 대표자 가지급금이 동시에 늘었겠죠. 예를 들어, 이익잉여금이 10억 원이 되었고 가지급금도 10억 원이 되었다고 생각해 보시면, 대표자 입장에서는 가지급금 10억 원을 회사에 갚긴 갚아야겠는데 딱히 수가 없어요."

장 "저도 그런 상황이죠."

허 "이때 자신이 보유한 자산인 5천만 원짜리 회사의 주식을 해당 기업에 10억 원에 팔면 주식매매차익 9.5억 원에 10%인 1억 원 정도만 주식 양도세를 내면 되고, 그 매매대금으로 대표자 가지급금을 정리할 수 있잖아요. 보통 연간 급여로 1억 원 좀 넘게 가져가면 근로소득세가 2천만 원 가까이 나오는데 10억 원이나 챙기면서 세금이 1억 원 밖에 안 되니 최고의 절세수단으로 열풍이었죠."

(2015년 말 이전) 주식양도세(9.5천만 원)
= (양도가액(10억 원) - 취득가액(5천만 원))×10%

장 "그런데 그게 지금은 가지급금을 줄이는 절세수단이 아닌가요?"

허 "2015년 말에 세법을 개정해서 중소기업 주식이라도 대주주(지분율 4% 이상)이면 매매차익의 20%를 주식 양도소득세로 납부하도록 하니까 세금이 두 배가 되었어요. 그러니 지금은 크게 절세 수단이 되지는 못하죠. 게다가 2020년부터는 과세표준 3억 원 초과는 25%로 주식 양도소득세를 내야 하거든요. 그러니 앞으로는 더더욱 자기주식 양도에 따른 가지급금 죽이기는 큰 의미가 없어요."

(2015년 말 이후) 주식양도세(1.9억 원)
= (양도가액(10억 원) - 취득가액(5천만 원))×20%

장 "그래도 저와 같은 경우에는 가진 것이 회사주식밖에 없는데 20% 세금을 내더라도 자기주식 양도가 가능할까요? 주식 매매대금으로 바로 가지급금을 정리할 수 있을 것 같아서요."

허 "가능은 한데. 상법상 요건을 명확히 유지한다는 조건 하에 실행할 수는 있는데, 이게 국세청의 법인 세무조사사유 중에 하나라서 세무조사의 위험을 감수하셔야 합니다."

장 "네? 늑대를 피하려고 하다가 호랑이를 만날 수도 있다구요?"

허 "네. 그걸 각오하고, 상법상 요건을 명확히 해서 자기주식 매매 건을 진행하셔야 돼요. 하나라도 허투루 하면 말짱 꽝이에요. 자기주식 양도대금으로 가져간 돈을 다시 가지급금으로 보거든요. 최근 판례가 하나 있는데 팩스로 넣어 드릴께요. 따로 밑줄 그어 둔 내용만 읽어보세요."

상법의 개정에 따라 2012년 4월 15일부터 비상장법인도 특정사유 없이 자기주식의 취득이 가능해짐으로써 법인이 이를 활용할 수 있는 범위가 확대되었다.

그런데 현행 세법의 해석과 판례에 의하면, 자기주식의 취득이 주식소각 외에 경영권 분쟁방지 또는 외부투자 유치 등 합리적인 사유에 의한 것이라면 과세관청은 동 자기주식 거래에 대하여 큰 문제를 삼지 않고 양도자는 주식 양도소득세를, 취득법인은 특별한 쟁점이 없이 처리되고 있으나(법규법인2013-171, 2013. 8. 1.), 만일 자기주식거래가 법인보유자금을 자기주식거래를 가장하여 대표자 등이 인출하는 방식으로 활용하는 경우에는 이를 실질상 업무무관가지급금거래로 보기 때문에 자기주식 거래에 대하여 신중하여야 한다(조심 2016서1700, 2016. 7. 7.).

특히 법인보유자금을 자기주식거래로 가장하여 대표자가 인출하는 방식으로 활용하는 경우가 아닌 것을 주장하려면 자기주식과 관련한 상법규정을 적법하게 따랐는지 여부가 사실관계 확정의 기초가 되고, 이해관계를 달리하는 여타 주주가 같이 참여하거나 동의하는 경우 등 자기주식 거래를 객관화할 수 있는 사실이 있어야 할 것이다.

자기주식과 관련한 상법규정은 제341조와 동법 시행령 제10조를 참고하기 바란다.

❑ 상법 제341조 【자기주식의 취득】

① 회사는 다음의 방법에 따라 자기의 명의와 계산으로 자기의 주식을 취득할 수 있다. 다만, 그 취득가액의 총액은 직전 결산기의 대차대조표상의 순자산액에서 제462조 제1항 각호의 금액을 뺀 금액을 초과하지 못한다. (2011. 4. 14. 개정)

1. 거래소에서 시세(時勢)가 있는 주식의 경우에는 거래소에서 취득하는 방법 (2011. 4. 14. 개정)
2. 제345조 제1항의 주식의 상환에 관한 종류주식의 경우 외에 각 주주가 가진 주식 수에 따라 균등한 조건으로 취득하는 것으로서 대통령령으로 정하는 방법 (2011. 4. 14. 개정)

② 제1항에 따라 자기주식을 취득하려는 회사는 미리 주주총회의 결의로 다음 각호의 사항을 결정하여야 한다. 다만, 이사회의 결의로 이익배당을 할 수 있다고 정관으로 정하고 있는 경우에는 이사회의 결의로써 주주총회의 결의를 갈음할 수 있다. (2011. 4. 14. 개정)

1. 취득할 수 있는 주식의 종류 및 수 (2011. 4. 14. 개정)
2. 취득가액의 총액의 한도 (2011. 4. 14. 개정)
3. 1년을 초과하지 아니하는 범위에서 자기주식을 취득할 수 있는 기간 (2011. 4. 14. 개정)

③ 회사는 해당 영업연도의 결산기에 대차대조표상의 순자산액이 제462조 제1항 각호의 금액의 합계액에 미치지 못할 우려가 있는 경우에는 제1항에 따른 주식의 취득을 하여서는 아니된다. (2011. 4. 14. 개정)

④ 해당 영업연도의 결산기에 대차대조표상의 순자산액이 제462조 제1항 각호의 금액의 합계액에 미치지 못함에도 불구하고 회사가 제1항에 따라 주식을 취득한 경우 이사는 회사에 대하여 연대하여 그 미치지 못한 금액을 배상할 책임이 있다. 다만, 이사가 제3항의 우려가 없다고 판단하는 때에 주의를 게을리하지 아니하였음을 증명한 경우에는 그러하지 아니하다. (2011. 4. 14. 개정)

❑ 상법 시행령 제10조 【자기주식 취득의 방법】

회사가 제9조 제1호에 따라 자기주식을 취득하는 경우에는 다음 각 호의 기준에 따라야 한다. (2012. 4. 10. 개정)

1. 법 제341조 제2항에 따른 결정을 한 회사가 자기주식을 취득하려는 경우에는 이사회의 결의로써 다음 각목의 사항을 정할 것. 이 경우 주식 취득의 조건은 이사회가 결의할 때마다 균등하게 정하여야 한다. (2012. 4. 10. 개정)
   가. 자기주식 취득의 목적 (2012. 4. 10. 개정)
   나. 취득할 주식의 종류 및 수 (2012. 4. 10. 개정)
   다. 주식 1주를 취득하는 대가로 교부할 금전이나 그 밖의 재산(해당 회사의 주식은 제외한다. 이하 이 조에서 "금전 등"이라 한다)의 내용 및 그 산정 방법 (2012. 4. 10. 개정)
   라. 주식 취득의 대가로 교부할 금전 등의 총액 (2012. 4. 10. 개정)
   마. 20일 이상 60일 내의 범위에서 주식양도를 신청할 수 있는 기간(이하 이 조에서 "양도신청기간"이라 한다) (2012. 4. 10. 개정)
   바. 양도신청기간이 끝나는 날부터 1개월의 범위에서 양도의 대가로 금전 등을 교부하는 시기와 그 밖에 주식 취득의 조건 (2012. 4. 10. 개정)
2. 회사는 양도신청기간이 시작하는 날의 2주 전까지 각 주주에게 회사의 재무 현황, 자기주식 보유 현황 및 제1호 각목의 사항을 서면으로 또는 각 주주의 동의를 받아 전자문서로 통지할 것. 다만, 회사가 무기명식의 주권을 발행한 경우에는 양도신청기간이 시작하는 날의 3주 전에 공고하여야 한다. (2012. 4. 10. 개정)
3. 회사에 주식을 양도하려는 주주는 양도신청기간이 끝나는 날까지 양도하려는 주식의 종류와 수를 적은 서면으로 주식양도를 신청할 것 (2012. 4. 10. 개정)

4. 주주가 제3호에 따라 회사에 대하여 주식 양도를 신청한 경우 회사와 그 주주 사이의 주식 취득을 위한 계약 성립의 시기는 양도 신청기간이 끝나는 날로 정하고, 주주가 신청한 주식의 총수가 제1호 나목의 취득할 주식의 총수를 초과하는 경우 계약 성립의 범위는 취득할 주식의 총수를 신청한 주식의 총수로 나눈 수에 제3호에 따라 주주가 신청한 주식의 수를 곱한 수(이 경우 끝수는 버린다)로 정할 것 (2012. 4. 10. 개정)

제 20 화

가지급금 없애는 이야기 열둘 – 자기주식 소각 활용

자기주식 소각이나 유상감자로 죽이기

잠시 후 장사장 사무실로 팩스 몇 장이 들어왔다.

상법상 자기주식 취득절차의 위배 여부

❑ **서울고등법원 2017누35631, 2017. 8. 30. (일부)**

회사는 특정한 목적이 없어도 주주평등의 원칙에 따라 상법이 정하는 절차와 방법으로 배당가능이익의 범위 내에서 자기주식을 취득할 수 있다. 위 인정사실에 의하면, 원고는 그 주주들에게 회사에 대하여 주식 양도를 신청할 수 있음을 통지하면서 상법 시행령 제10조 제

1호 가목, 다목, 바목의 사항을 통지하지 않았으므로 이 사건 주식 거래는 상법 시행령 제10조 제2호를 위반한 위법이 있다.

상법상 자기주식 취득시 배당가능이익의 의미

❑ 서울고등법원 2017누35631, 2017. 8. 30. (일부)

배당가능이익의 범위 내에서 자기주식을 취득할 수 있다는 것은 단순히 회계장부상 존재하는 배당가능이익의 금액 범위 내에서 자기주식을 취득할 수 있다는 의미가 아니라 배당가능이익을 재원으로 자기주식을 취득할 수 있다는 의미로 해석되므로, (중략) 원고가 이 사건 주식의 매수대금 11억 원을 마이너스 통장에서 대출 받아 지급하였다는 점과 위와 같이 대출을 이용한 이유에 대해서 별다른 해명을 하지 못하는 점에 비추어 보면, 원고가 이 사건 주식 거래 당시 배당가능이익을 재원으로 이 사건 주식을 취득했다고 보기 어렵다. 따라서 이 사건 주식 거래는 상법 제341조 제1항 단서를 위반한 위법이 있다.

상법상 자기주식 취득시 특정주주만 참여하고 경영권 등 변동 없는 경우의 취급

❏ 서울고등법원 2017누35631, 2017. 8. 30. (일부)

이 사건 주식 거래를 통해 매입한 자기주식은 그에 대한 배당을 받지 못하고 이 사건 주식 거래로 주주 간 경영권에 변동이 발생하는 것도 아닌 점 등에 비추어 보면, 원고가 실질적으로는 '각 주주가 가진 주식 수에 따라 균등한 조건으로' 자기주식을 취득한 것이 아니라 처음부터 한○○가 보유하고 있던 주식만을 취득하려고 한 것이었다고 볼 수 있다. 따라서 이 사건 주식 거래는 상법 제341조 제1항 제2호를 위반하였다고 볼 수도 있다.

장 "하, 복잡하구먼요."

허 "판례가 엄청 길지만 밑줄 그은 것만 보세요. 이 판례의 취지는 상법 규정을 위반한 자기주식 취득의 효력은 무효이고, 업무무관 가지급금 해당 여부의 판단에 있어 자기주식의 취득이 무효라면 원칙적으로 그 주식매매대금은 주식취득의 대가로 지급된 것이 아님을 전제로 판단하여야 하고, 부당행위계산 해당 여부, 즉 가지급금 인정이자를 계산해야 하느냐에 있어서 이 사건 주식의 매수대금을 회수하지 않고 있는 것은 건전한 사회통념이나 상관행에 비추어 경제적 합리성을 결한 비정상적인 행위다라는 거예요."

장 "그래요?"

허 "거기서 중요한 것인 상법 규정을 위반한 자기주식 취득의 효력이 무효라는 것인데, 기본적으로 상법상 규정을 지키지 않은 자기주식 취득절차는 무효이고, 배당가능이익의 범위 내에서 자기주식을 취득할 수 있다는 것은 단순히 회계장부상 존재하는 배당가능이익의 금액 범위 내에서 자기주식을 취득할 수 있다는 의미가 아니라 배당가능이익을 재원으로 자기주식을 취득할 수 있다는 의미로 해석한다고 해서, 가지급금의 탕감 등 재원이 없는 상태의 단순한 회계적 장난은 상법상 절차 위반의 문제소지가 있겠죠."

판례(서울고등법원 2017누35631, 2017. 8. 30.)에 의하면 배당가능이익의 범위 내에서 자기주식을 취득할 수 있다는 것은 단순히 회계장부상 존재하는 배당가능이익의 금액 범위 내에서 자기주식을 취득할 수 있다는 의미가 아니라 배당가능이익을 재원으로 자기주식을 취득할 수 있다는 의미로 해석되므로, 주식의 매수대금을 마이너스 통장에서 대출받아 지급하였다는 점에 비추어 보면 주식 거래 당시 배당가능이익을 재원으로 이 사건 주식을 취득했다고 보기 어렵다고 판시하였다.

그렇게 보자면 재무제표상 이익잉여금은 많지만 자기주식을 취득할만한 현금성 자산은 없고 단지 기존에 대표자가 빌려 간 가지급금만 있다면 법인은 자기주식의 양도대가를 실제 지급할 수 없고, 단지 가지급금과 상계처리만 할 수 있을 것이다. 그렇게 된다면 가지급금을 탕감하기 위한 자기주식 양도는 폭탄을 지고 불 속에 들어가는 것과 같다할 것이다.

장 "그래요, 난 안 되겠구먼…."

허 "게다가 자기주식 매매거래로 주주 간 경영권에 변동이 발생하는 것도 아닌 점 등 특정주주의 가지급금 탕감 목적의 자기주식 매매는 무효라는 취지라고 볼 수 있거든요."

장 "마치 나를 겨냥한 판례같소."

허 "그렇지만 상법상 절차를 잘 지키면 자기주식 매매가 맞다는 행정 심판례도 있어요."

> **❑ 조심 2014중2323, 2014. 9. 22.**
>
> 「상법」상 주주가 주식매수청구권을 행사하는 경우 자기주식을 취득할 수 있도록 규정하고 있는바, 청구법인은 대표이사를 사임한 임원이 주식매수청구권을 행사함에 따라 자기주식을 양수한 후 취득가격과 동일한 가격에 양도하여 다른 주주나 채권자들의 이익을 해한 경우에 해당된다고 보기 어려운 점 등에 비추어 청구법인의 자기주식 취득자금을 특수관계인에게 업무와 무관하게 대여한 것으로 보아 과세한 처분은 잘못이 있음.

자기주식 매매는 가지급금을 상환하기 위한 행태가 아닌, 유통주식수를 줄여서 기업의 가치를 제고하거나 주식매수선택권(Stock-option) 보상이나 인수합병(M&A) 실행을 위해서 실시되는 것이 더 일반적이고 바람직한 방향이다.

그러나 당초 상법 개정의 취지에는 맞지 않게, 자기주식 매매가 가지급금이 많은 회사의 가지급금 죽이기 수단으로 변질되면서부터 조세회피 문제가 제기되었다. 그러다가 2016년부터 중소기업 주식의 매각시 주식 양도소득세율이 과거 10%에서 두 배인 20%까지 증가했고, 2020년부터는 주식양도세율 최고세율이 25%까지 오르니 자기주식 매매가 더 이상 조세회피할 수단이 되지 못한다.

다만, 여전히 종업원 등 이름으로 명의신탁된 주식들을 거둬들이면서 대주주의 가지급금 변제까지 하는 마법의 도구로 쓸 수 있는 것처럼 표현되기도 한다.

장 "그럼, 자기주식 매매말고 다른 건 없는가요?"

허 "자기주식 소각이나 유상감자가 있어요."

장 "그게 또 무슨 말입니까?"

허 "자기주식 소각이나 유상감자는 회사가 주주로부터 주식을 취득해서 없앤다고 생각하시면 돼요. 감자란 회사의 자본금을 줄이는 절차죠. 이렇게 자본금을 줄일 때 주주에게 대가를 주면 이것을 유상감자라고 해요. 그런데 회사가 자기주식을 유상으로 취득해서 이후 소각하면 감자 대신에 자기주식 소각이라는 표현을 쓰는 것이죠."

장 "그럼, 자기주식이나 유상감자시에는 세금이 없나요?"

허 "네, 자기주식 소각이나 유상감자시 주주에게 배당소득 과세문제가 있어요. 세법은 배당소득이 다른 소득의 형태로 지급되는 경우에도 그 실질을 배당소득으로 보고 있어요. 이것을 '의제배당'이라고 합니다. 회사가 주주에게 감자대가를 준다거나 자기주식 취득소각을 하면서 대가를 주면 그 대가를 받은 주주에게 발생한 이익을 의제배당소득으로 봅니다."

감자시 의제배당 = 감자대가 - 주식취득가액

장 "자기주식을 팔면 주식 양도소득세, 자기주식을 소각하면 배당소득세… 무척 어렵네요."

허 "쉽게 말해서 대주주가 자기주식을 매매할 때 그게 실제 매매가 맞으면 주식 양도소득세가 과세되는 것이고, 매매가 아니라 감자의 과정이면 배당소득세가 과세된다는 뜻이에요."

법인의 주식처리	매입 후 주식소각	매입 후 주식보유
주주의 과세문제	배당소득세 과세대상	양도소득세 과세대상

주식의 매매가, 자산거래인 주식의 양도에 해당하는지 또는 자본거래인 주식의 소각 내지 자본의 환급에 해당하는지는 법률행위 해석의 문제로서 그 거래의 내용과 당사자의 의사를 기초로 하여 판단하여야 할 것이지만, 실질과세의 원칙상 단순히 당해 계약서의 내용이나 형식에만 의존할 것이 아니라, 당사자의 의사와 계약체결의 경위, 대금의 결정방법, 거래의 경과 등 거래의 전체과정을 실질적으로 파악하여 판단해야 한다(대법원 1992. 11. 24. 선고, 92누3786 판결 등 참조).

장 "그럼, 주식 양도소득세보다 주식 소각시 배당소득세가 적습니까?"

허 "의제배당은 감자나 자기주식 소각에 있어 주주가 대가를 받을 때, 대가와 당초 주식취득가액의 차이를 배당소득금액으로 보거든요. 그런데 아시겠지만 배당소득은 금융소득이 2천만 원이 넘으면 6~42% 7단계 초과누진세율로 과세됩니다."

장 "그런데 배당소득은 배당세액공제라는 걸 받기 때문에 G배당은 1.3억 원까지 14% 원천징수 외에 추가 세금이 없다면서요."

허 "네, 그렇습니다. 의제배당금액이 1.3억 원이 나오도록 주식소각을 하면 14% 세금만 내시면 됩니다."

장 "만약, 10억 원 정도의 가지급금을 정리하려고 대부분의 주식을 소각하면 배당소득세로 거액이 추징되는 건 맞죠."

허 "의제배당소득이 9.5억 원이라면 세금이 엄청 크죠. 계산 참 빠르시네요."

감자시 의제배당(9.5억 원) = 감자대가(10억 원) - 주식취득가액(5천만 원)

장 "자기주식을 매매하면 상법상 절차 위배 등 세무조사 위험도 있고, 자기주식 소각이나 유상감자를 하면 배당소득으로 과세될 수 있고… 그래도 원천징수세금 14% 범위 내에서 유상감자를 하는 방법이 더 낫네요."

허 "그럴거면 그냥 배당이 낫죠. 다만 굳이 자기주식을 가지고 판단한다면, 주주 입장에서 위험한 매매보다는 차라리 유상감자가 나을 수 있죠. 이때 주식가치평가는 세법 규정에 따라야 합니다. 여담이지만 자기주식 거래시 자기주식 평가액을 과다하게 하거나, 과소하게 하면 추가적인 세금문제가 더 있어요."

장 "어휴. 자기주식 매매는 너무 어렵기도 하지만 복잡하기가 이를 때가 없어 포기하고 주식 소각도 배당하고 같으니, 이제부터 꼬박꼬박 정기배당을 받아서 가지급금을 줄여야겠어요."

자기주식의 거래를 주식매매로 보면 개인주주는 주식 양도소득세를 내고, 주식의 매매에 따라 붙는 증권거래세도 내야 한다. 그런데 만일 자기주식의 평가를 시가가 아닌 저가 또는 고가로 하게 되면, 주주와 회사 간 부당한 행위계산이라고 보아 소득처분 등 추가적인 세금문제도 발생한다.

반면 자기주식의 거래를 주식매입소각이나 유상감자로 하면 주주에게는 의제배당(종합소득세) 문제가 발생한다. 다만, 주식의 매매가 아니니 증권거래세는 없다. 그런데 주식매입소각을 시가가 아닌 고가 또는 저가로 하면 특수관계 있는 주주가 감자로 얻는 이익에 대해 증여세를 부과한다.

이를 표로 정리하면 다음과 같다. 이와 같은 비상장주식 매매시 발생하는 세금문제는 (부록) 비상장주식의 유상거래시 세무상 문제 편을 참조하기 바란다.

구분	주주	주식발행법인
매매목적	① 양도소득세(법인주주는 법인세) ② 증권거래세 ③ 저가양도시 부당행위계산부인 ④ 고가양도시 상여처분 (양도가액은 시가로 의제)	① - ② - ③ 저가매입이익을 익금산입 ④ 시가초과액 부당행위계산부인
소각목적	① 의제배당 ② 증권거래세 비과세 ③ 불균등 감자시 주주(특관자) 증여	① - ② - ③ -

한편, 자기주식 매매시 상법상 절차 위반 여부를 판단할 때 고려해야 할 주요 판례로 서울고등법원2017누35631, 2017. 8. 30. 판결 전문을 싣고자 하니 참조하기 바란다.

❑ **서울고등법원2017누35631, 2017. 8. 30.**

자본충실의 원칙과 주주평등의 원칙에 비추어 볼 때 상법에 위반된 자기주식 취득은 당연무효에 해당하며, 자기주식 취득대금은 업무무관 가지급금에 해당하며, 자기주식취득행위는 부당행위계산 부인대상에 해당함. (국승)

【원고】 ○○○○ 주식회사

【피고】 서초세무서장

【제1심판결】 서울행정법원 2017. 1. 20. 선고, 2016구합73658 판결

【주문】

1. 원고의 항소를 기각한다.
2. 항소비용은 원고가 부담한다.

【청구취지 및 항소취지】

제1심 판결을 취소한다. 피고가 2016. 4. 1. 원고에게 한 2012년 사업연도 귀속 법인세 2,462,060원, 2013년 사업연도 귀속 법인세 20,812,060원, 2014년 사업연도 귀속 법인세 18,455,790원의 부과처분을 취소한다.

【이유】

1. 처분의 경위 (생략)
2. 이 사건 처분의 적법 여부

가. 당사자들의 주장

원고는, 이 사건 주식 거래는 상법 제341조와 동법 시행령 제9조, 제10조를 준수하여 유효하므로, 원고가 한○○에게 지급한 주식 매수대금은 업무무관 가지급금에 해당하지 않고 이 사건 주식 거래에 부당행위계산 부인 규정이 적용되지 않는다고 주장한다. 이에 대하여 피고는, 이 사건 주식 거래는 원고가 이 사건 주식 취득 과정에서 자기주식 취득의 목적을 주주들에게 통지하지 않

은 절차적인 위법이 있고 원고가 배당가능이익으로 자기주식을 취득한 것이 아니므로 상법상 자본충실의 원칙에 반하는 실질적인 위법이 있어 무효라고 주장하고, 설령 이 사건 주식 거래가 유효라도 이 사건 주식은 원고의 수익 창출과 무관한 자산으로서 그 취득대가로 지급한 금원은 업무무관가지급금에 해당하고 원고의 이 사건 주식 거래는 경제적 합리성을 결한 비정상적인 거래로서 부당행위계산 부인의 대상이 된다고 주장한다.

나. 관계 법령 (생략)

다. 인정사실

1) 원고는 2012. 10. 8. 이사회를 개최하여 자기주식 취득을 위한 임시주주총회 소집 결의를 하고, 주주 전원에게 임시주주총회 소집통지를 하였다.

2) 원고는 2012. 10. 23. 임시주주총회를 개최하여 상법 제341조 제2항에 따라 자기주식 취득 승인을 결의하고, 이사회를 개최하여 그 결의로써 상법 시행령 제10조 제1호 각목의 사항을 정하였다.

3) 같은 날 원고는 주주 전원에게 회사에 주식 양도를 신청할 수 있음을 통지하면서 위 2012. 10. 23.자 이사회에서 정한 상법 시행령 제10조 제1호 각목의 사항 중 '자기주식 취득의 목적', '주식 1주를 취득하는 대가로 교부할 금전이나 그 밖의 재산(이하 '금전 등'이라 한다)의 산정 방법', '양도의 대가로 금전 등을 교부하는 시기와 그 밖에 주식취득의 조건'을 누락하였다.

4) 원고의 주주들 중 한○○만이 위 2012. 10. 23.자 이사회에서 정한 양도신청기간 내인 2012. 11. 26. 이 사건 주식에 대해 주식양도를 신청하였고, 원고는 2012. 11. 27. 이사회 결의로써 이를 승인하였다.

5) 원고는 이 사건 주식 거래를 하면서 마이너스 통장에서 대출을 받아 한○○에게 매수대금 11억 원을 지급하였고, 취득한 이 사건 주식을 자본조정 항목으로 회계처리하였는데, 재무상

태표상 원고의 미처분이익잉여금은 2011. 12. 31.을 기준으로 17,276,428,636원이고 2012. 12. 31.을 기준으로 15,342,722,205원이었다.

6) 한편, 이 사건 주식 거래를 전후로 한 원고의 주주 현황 및 지분율은 아래와 같다. (생략)

라. 판단

1) 이 사건 주식 거래의 유효성

가) 상법 규정 위반 여부

(1) 상법 제341조 제1항 본문은 "회사는 다음의 방법에 따라 자기의 명의와 계산으로 자기의 주식을 취득할 수 있다"고 규정하고, 제2호는 '각 주주가 가진 주식 수에 따라 균등한 조건으로 취득하는 것으로서 대통령령으로 정하는 방법'을 규정하고 있으며, 상법 시행령 제9조 제1항 제1호에 의하면 '회사가 모든 주주에게 자기주식 취득의 통지 또는 공고를 하여 주식을 취득하는 방법'이 이에 해당한다. 상법 시행령 제10조 제1호에 의하면 위와 같은 방법으로 자기주식을 취득하는 경우 자기주식 취득의 목적(가목), 취득할 주식의 종류 및 수(나목), 주식 1주를 취득하는 대가로 교부할 금전 등의 내용 및 그 산정 방법(다목), 주식 취득의 대가로 교부할 금전등의 총액(라목), 20일 이상 60일 내의 범위에서 주식양도를 신청할 수 있는 기간(마목, 이하 '양도신청기간'이라 한다), 양도신청기간이 끝나는 날로부터 1개월의 범위에서 양도의 대가로 금전 등을 교부하는 시기와 그 밖에 주식 취득의 조건(바목)을 이사회의 결의로써 정해야 하고, 제2호에 의하면 회사는 양도신청기간이 시작하는 날의 2주 전까지 각 주주에게 회사의 재무 현황, 자기주식 보유 현황 및 위 사항들을 서면으로 또는 각 주주의 동의를 받아 전자문서로 통지하여야 한다.

또한 상법 제341조 제1항 단서는 "다만, 그 취득가액의 총액은 직전 결산기의 대차대조표상의 순자산액에서 제462조 제1항 각

호의 금액을 뺀 금액을 초과하지 못한다"고 규정하고, 제462조 제1항은 "회사는 대차대조표의 순자산액으로부터 다음의 금액을 공제한 액을 한도로 하여 이익배당을 할 수 있다"고 규정하면서 각호에서 '자본금의 액'(제1호), '그 결산기까지 적립된 자본준비금과 이익준비금의 합계액'(제2호), '그 결산기에 적립하여야 할 이익준비금의 액'(제3호), '대통령령으로 정하는 미실현이익'(제4호)을 규정하고 있다.

이에 의하면 회사는 특정한 목적이 없어도 주주평등의 원칙에 따라 상법이 정하는 절차와 방법으로 배당가능이익의 범위 내에서 자기주식을 취득할 수 있다.

(2) 위 인정사실에 의하면, **원고는 그 주주들에게 회사에 대하여 주식 양도를 신청할 수 있음을 통지하면서 상법 시행령 제10조 제1호 가목, 다목, 바목의 사항을 통지하지 않았으므로 이 사건 주식 거래는 상법 시행령 제10조 제2호를 위반한 위법이 있다.**

또한 자본충실의 원칙과 주주평등의 원칙에 비추어 볼 때, **배당가능이익의 범위 내에서 자기주식을 취득할 수 있다는 것은 단순히 회계장부상 존재하는 배당가능이익의 금액 범위 내에서 자기주식을 취득할 수 있다는 의미가 아니라 배당가능이익을 재원으로 자기주식을 취득할 수 있다는 의미로 해석**되므로, 원고가 이 사건 주식을 자본조정 항목으로 회계처리하였고 원고의 재무상태표에 2011년 말일과 2012년 말일을 기준으로 미처분이익잉여금을 보유하고 있는 것으로 기재되어 있더라도, 원고가 이 사건 주식의 매수대금 11억 원을 마이너스 통장에서 대출받아 지급하였다는 점과 위와 같이 대출을 이용한 이유에 대해서 별다른 해명을 하지 못하는 점에 비추어 보면, 원고가 이 사건 주식 거래 당시 배당가능이익을 재원으로 이 사건 주식을 취득했다고 보기 어렵다. 따라서 이 사건 주식 거래는 상법 제341조 제1항 단서를 위반한 위법이 있다.

나아가 위 인정사실과 인정증거 및 을 제3, 4호증의 각 기재에 의하여 알 수 있는 다음과 같은 사정, 즉 ① 원고의 주주들은 모두 대표이사 한○○의 자녀들이거나 그들이 100% 지분을 소유한 회사, 원고의 자회사 등으로 그 구성이 모두 대표이사 한○○와 밀접한 관계에 있었다는 점, ② 원고가 주주 전원에게 회사에 주식 양도를 신청할 수 있음을 통지한 것에 대하여 한○○만이 양도 신청을 하였고 결국 원고는 한○○로부터만 자기주식을 취득한 점, ③ 자회사의 모회사 주식 취득은 원칙적으로 금지되어 있어(상법 제342조의2) 원고의 자회사인 주식회사 △△은 당초부터 원고의 주식을 취득할 수 없었던 점, ④ 한○○는 이 사건 주식을 비상장주식의 평가방법에 따라 2011. 12. 31.자로 평가한 10,939원을 가감하여 11,000원에 양수한 점, ⑤ 한○○는 이 사건 주식 거래와 관련한 세무조사를 받으면서 생활 자금이 필요해서 이 사건 주식을 원고에게 양도하였다고 답하였고 원고의 감사인 문○○도 같은 취지의 확인서를 작성한 점, ⑥ 원고의 2012. 10. 23.자 이사회 의사록에는 자기주식 취득의 목적이 '이익잉여금으로 자기주식을 취득함으로써 과다한 이익잉여금 적립으로 인한 재무적 낭비를 제거하고 주주의 주식가치를 제고하기 위함'이라고 기재되어 있으나 이에 대해 원고의 상무이사인 정○○은 자기주식을 취득하고자 함을 법무사에게 설명하고 자문을 구해 위 부분을 작성하였다고 확인서를 작성한 점, ⑦ 원고는 이 사건 주식을 취득하고 매매대금을 마이너스 통장에서 인출하여 한○○에게 지급함으로써 그에 대한 대출금 이자까지 부담하고 있음에도 현재까지 자기주식을 매각하지 않고 있고 이 사건 주식 거래 이후에도 한○○로부터 2014년도에 100,000주, 2015년도에 100,000주를 취득한 점, ⑧ 원고가 **이 사건 주식 거래를 통해 매입한 자기주식은 그에 대한 배당을 받지 못하고 이 사건 주식 거래로 주주 간 경영권에 변동이 발생하는 것도 아닌 점 등에 비추어 보면, 원고가 실질적으로는 '각 주주가 가진 주식 수에 따라 균등한 조건으**

로' 자기주식을 취득한 것이 아니라 처음부터 한○○가 보유하고 있던 주식만을 취득하려고 한 것이었다고 볼 수 있다. 따라서 이 사건 주식 거래는 상법 제341조 제1항 제2호를 위반하였다고 볼 수도 있다.

나) 상법 규정을 위반한 자기주식 취득의 효력

(1) 구 상법(2011. 4. 14. 법률 제10600호로 개정되기 전의 것) 제341조 제1항은 "회사는 다음의 경우 외에는 자기의 계산으로 자기의 주식을 취득하지 못한다"고 규정하여 각호의 주식 소각이나 회사의 합병 등 예외적인 경우를 제외하고는 원칙적인 자기주식 취득 금지를 규정하고 있었는데, 이는 회사의 자기주식 취득이 회사의 자본적 기초를 위태롭게 하여 회사와 주주 및 채권자의 이익을 해하고 주주평등의 원칙을 해하며 대표이사 등에 의한 불공정한 회사지배를 초래하는 등의 여러 가지 폐해를 생기게 할 우려가 있으므로 상법이 일반 예방적인 목적에서 이를 일률적으로 금지하는 것을 원칙으로 하면서 예외적으로 자기주식의 취득이 허용되는 경우를 유형적으로 분류하여 명시하고 있던 것이다(대법원 2003. 5. 16. 선고, 2001다44109 판결 참조). 그러나 **상법이 2011. 4. 14. 개정되면서 위와 같이 상법과 그 시행령이 정한 절차와 방법에 따른 자기주식 취득을 허용하였는바, 개정 전의 상법이 자기주식 취득을 원칙적으로 금지하고 있었던 취지에 비추어 볼 때, 위 관련 규정이 정한 절차와 방법에 따르지 않은 자기주식의 취득은 당연히 무효라고 봄이 상당하다.**

(2) 따라서 앞서 본 바와 같이 상법과 그 시행령이 정한 절차와 방법에 따르지 않은 원고의 이 사건 주식 거래는 무효이고, 원고의 이 부분 주장은 이유 없다.

(3) 이에 대하여 원고는, 원고가 그 주주들에게 회사에 대하여 주식 양도를 신청할 수 있음을 통지하면서 상법 시행령 제10조

제1호 가목, 다목, 바목의 사항을 통지하지 않았더라도 원고의 주주들 모두 위 사항을 충분히 알 수 있는 지위에 있었으므로 이 사건 주식 거래가 무효라고 볼 수 없다는 취지로 주장하나, 원고의 통지 누락에도 불구하고 개별 주주들이 위 사항에 대해 실제로 인식하고 있었다는 점에 대한 아무런 자료가 없고, 설령 개별 주주들이 회사의 통지와는 상관없이 위 사항을 인식하고 있었거나 인식할 수 있었다고 하더라도 자기주식 취득은 회사와 주주들뿐만 아니라 그 채권자의 이익과도 관련되는 법률관계이므로 개별 주주들의 주관적 인식가능성 유무에 따라 상법 시행령 제10조 제2호를 위반한 위법이 치유된다고 볼 수도 없다. 원고의 위 주장은 이유 없다(또한 이 사건 주식 거래에 상법 제341조 제1항 제2호와 제1항 단서를 위반한 위법도 있음은 앞서 본 바와 같다).

2) 업무무관 가지급금 해당 여부

가) 법인세법 제28조와 같은 법 시행령 제53조가 규정하고 있는 지급이자 손금불산입의 대상이 되는 업무무관 가지급금에는 순수한 의미의 대여금은 물론 구상금채권 등과 같이 채권의 성질상 대여금에 준하는 것도 포함되고(대법원 2006. 10. 26. 선고, 2005두1558 판결 참조), **매매계약이 처음부터 무효이거나 나중에 취소되는 등으로 효력이 없는 때에는 양도인이 받은 매매대금은 원칙적으로 양수인에게 원상회복으로 반환되어야 할 것이어서 이를 양도인의 소득으로 보아 양도소득세의 과세대상으로 삼을 수 없음이 원칙이므로(대법원 2011. 8. 25. 선고, 2010두25152 판결 참조), 법인이 자기주식의 취득을 위하여 지급한 주식매매대금이 법인세법 제28조 제1항 제4호 나목에 정한 업무무관 가지급금에 해당하는지 여부를 판단할 때에도 그와 같은 자기주식의 취득이 무효라면 원칙적으로 그 주식매매대금은 주식취득의 대가로 지급된 것이 아님을 전제로 판단하여야 한다.**

나) 앞서 본 바와 같이 한○○는 원고의 주주로서 특수관계인에 해당하고, 원고의 이 사건 주식 거래는 상법에 위반한 취득행위로서 무효라고 봄이 상당하므로, 원고가 한○○에게 지급한 이 사건 주식의 매수대금은 이 사건 주식의 취득 대가로 지급된 것이 아니라 법률상 원인 없이 지급된 것이어서 원고로서는 한○○로부터 이를 즉시 회수하여야 할 것이다. 그럼에도 원고는 오히려 이 사건 주식 취득의 유효를 주장하면서 정당한 사유 없이 그 회수를 회피하거나 포기하고 있으므로 이 사건 주식의 매수대금은 원고가 특수관계인인 한○○에게 업무와 무관하게 지급한 가지급금으로 보아야 할 것이다. 따라서 이와 다른 전제에서 한 원고의 이 부분 주장은 이유 없다.

3) 부당행위계산 해당 여부

가) 법인세법 제52조의 부당행위계산이라 함은 납세자가 정상적인 경제인의 합리적 거래형식에 의하지 아니하고 우회행위, 다단계행위 그 밖의 이상한 거래형식을 취함으로써 통상의 합리적인 거래형식을 취할 때 생기는 조세의 부담을 경감 내지 배제시키는 행위 계산을 말하고, 그 경제적 합리성의 유무에 대한 판단은 제반 사정을 구체적으로 고려하여 그 거래행위가 건전한 사회통념이나 상관행에 비추어 경제적 합리성을 결한 비정상적인 것인지의 여부에 따라 판단하여야 한다(대법원 2004. 2. 13. 선고, 2002두11479 판결 등 참조).

나) 앞서 본 바와 같이 원고는 한○○로부터 이 사건 주식을 매수하는 방법으로 대주주이던 한○○에게 납입자본금을 반환함으로써 회사의 자본적 기초를 위태롭게 하여 회사와 주주 및 채권자의 이익을 해하고 주주평등의 원칙도 위반하였는바, 이와 같은 경위로 원고가 한○○에게 법률상 원인 없이 지급한 <u>이 사건 주식의 매수대금을 회수하지 않고</u>

있는 것은 건전한 사회통념이나 상관행에 비추어 경제적 합리성을 결한 비정상적인 행위로서 법인세법 시행령 제88조 제1항 제6호 및 제9호의 '금전을 무상 또는 시가보다 낮은 이율 등으로 대부하거나 제공한 경우' 또는 '그에 준하는 행위'에 해당하여 부당행위계산 부인의 대상이 된다고 할 것이다. 따라서 이와 다른 전제에서 한 원고의 이 부분 주장도 이유 없다.

3. 결론

그렇다면 원고의 청구는 이유 없어 이를 기각할 것인바, 제1심 판결은 이와 결론을 같이하여 정당하므로 원고의 항소는 이유 없어 이를 기각하기로 하여 주문과 같이 판결한다.

제21화

가지급금 없애는 이야기 열셋 – 회사 정리 활용

회사를 정리하여 죽이기(배우자 주식 증여 포함)

아무튼 장사장이 찾은 가지급금 탕감 방법은 그리 많지 않은 것 같다.

장 "허세무사님. 자기주식도 이제 알만큼 알 것 같고… 또 다른 방법은 없을까요?"

허 "일전에도 말씀드렸지만 가지급금을 죽이는 방법은 회사사정이나 대표자 개인사정에 따라 많이 달라집니다. 사장님의 경우, 이제 더 이상 고려할 방법은 없는 것 같고 나머지 가지급금은 사업하시면서 급여나 상여, 배당 등 회삿돈이 생기면 정리할 수 있는 방안을 찾아 보세요."

장 "네, 그렇게 하려구요. 다른 방법은 없는 거군요."

허 "사장님의 케이스는 아닙니다만, 회사를 팔거나 청산하면서 정리하는 방법도 고려합니다."

장 "가지급금만 잔뜩 있는 회사를 누가 삽니까?"

허 "만일! 만일 외부투자자가 회사를 산다면 주식을 전부 매입하는 방식으로 회사를 살텐데 그때 주식매매금액으로 최종 가지급금을 상환처리하는 것입니다. 물론 이때는 주주 간 비상장주식의 양도에 해당하여 주식 양도소득세를 부담하셔야 됩니다. 그리고 증권거래세도 내셔야 하구요."

비상장주식을 거래할 때는 대주주 여부와 관계없이 주식 양도자가 반기(6개월) 단위로 주식매각대금의 0.45%에 상당하는 증권거래세와 더불어 주식양도차익에 대해 다음의 세율을 적용한 양도소득세를 반기 종료일부터 2월 내(상반기는 8월 말, 하반기는 2월 말)에 신고·납부해야 한다.

- 비상장주식
  - 중소기업 주식
    - 대주주 ○ — 20%, 25%
    - 대주주 × — 10%
  - 중소기업 외 주식
    - 대주주 ○
      - 1년 미만 보유: 30%
      - 1년 이상 보유: 20%, 25%
    - 대주주 × — 20%

* 대주주 세율은 과세표준 3억 원을 기준으로 종래 20% 단일세율에서 20%와 25%로 2단계 초과누진세율을 적용한다.

비상장주식은 대주주 여부와 중소기업 여부에 따라 적용되는 양도소득세율의 차이가 있을 뿐, 주식 양도자는 반드시 양도소득세를 신고·납부해야 한다.

대주주는 통상 1년 미만 보유자가 아닌 한, 종래 20% 단일세율 제도를 적용하였는데 중소기업 외 주식의 경우에는 현재 과세표준 3억 원을 기준으로 20%와 25%로 2단계 초과 누진세율구조로 과세하고, 중소기업 주식은 2020년부터 2단계 초과 누진세율로 과세된다.

그리고 현재 비상장주식의 대주주란 지분율 4% 또는 시가 총액 15억 원 이상인 주주를 말하지만 2020년에는 10억 원, 2021년부터는 종목별 보유액 3억 원 이상인 경우에 해당하면 모두 대주주로 보아 주식 양도소득세를 부과할 전망이다.

장 "회사를 팔 수 있는 방법이 없으니 제겐 해당사항이 없네요."

허 "그건 저도 압니다."

장 "그런데 회사를 청산하면서 가지급금을 탕감하는 방법이 있나요? 일전에 제게 회사를 폐업하면 그때가 가지급금 잔액이 모두 저의 상여로 처분되는 날이라고 하셨죠?"

허 "기억력이 좋으시네요. 허허. 회사 청산시 가지급금 탕감방법은 아닌데, 회사 청산시에도 의제배당소득이라는 것이 과세될 수 있거든요. 그걸 줄이는 방법은 있어요."

장 "자기주식 소각이나 유상감자시 의제배당소득이 발생한다고 했는데, 회사 청산시에도 발생하나요?"

허 "네, 회사를 청산하면서 해산대가를 받아 가면 해산대가와 주식취득가액과의 차액을 배당소득으로 봅니다."

해산시 의제배당 = 해산대가 - 주식취득가액

법인이 소멸할 때는 먼저 해산등기를 하여 주주 등에게 잔여재산을 분배할 목적으로만 법인이 존속하도록 한 뒤, 주주 등에게 잔여재산을 분배하는 절차가 종료되면 청산등기를 하여 법인격을 소멸시킨다. 이때 주주가 받은 해산대가가 주식취득가액을 초과하면 이를 배당소득으로 간주한다.

장 "배당이라는 게 주주총회에서 정기적으로 잉여금을 분배받는 것 외에도 주식소각의 대가로 받아도 배당으로 본다고 하셨는데, 회사 청산시 분배금도 배당으로 보는군요."

허 "네, 그래요. 정기배당을 받으면 세금이 있으니, 법인 존속기간 내내 배당을 안 받고 회사를 청산하면서 한꺼번에 해산대가로 빼가면 그걸 배당으로 보는 게 맞는 규정이죠."

장 "그렇기도 하겠군요. 그런데 그 배당소득을 줄일 수 있다구요?"

허 "예를 들어, 잔여재산분배액이 10억 원이 있는 해산법인의 주식 100%(주식취득가액 5천만 원)를 가진 1인 주주가 있다고 봐요. 법인을 청산하면서 해산대가로 1인 주주가 10억 원을 받으면 의제배당소득이 9.5억 원이 되고, 여기에 6~42%의 배당소득세를 내야 하죠."

해산시 의제배당(9.5억 원) = 해산대가(10억 원) - 주식취득가액(5천만 원)

장 "그게 그렇겠군요. 5천만 원으로 법인을 만들어서 법인재산을 10억 원이나 만들고 법인을 청산하면 결국 그 주주가 법인을 통해 9.5억 원의 배당을 가져가는 꼴이니…."

허 "그런데 만약 법인 청산 전에 배우자에게 해당 법인의 주식을 증여하면 얘기가 달라져요. 예를 들어 주식평가액 6억 원까지는 배우자증여재산공제로 증여세가 없고, 증권거래세도 없거든요. 그래서 6억 원 상당액의 주식(예를 들어, 지분율로는 60%라고 가정한다)을 배우자에게 증여를 한다고 보면 증여세도 없고, 이렇게 주식을 취득한 배우자의 주식취득가액은 6억 원이 됩니다."

장 "그래서요?"

허 "그리고 나면 주주 구성이 2인으로 되면서 당초 대주주는 지분율 40%, 주식 취득가액 2천만 원(=5천만 원×40%), 증여받은 배우자 주주는 지분율 60%, 주식 취득가액 6억 원이 됩니다. 그러면 해산대가 10억 원을 당초 대주주에게 4억 원, 배우자 주주에게 6억 원으로 분배될 수 있습니다."

장 "주주 구성이 2인이 되었으니 그렇게 되겠죠."

허 "그러면 당초 대주주의 해산시 의제배당액은 3.8억 원, 배우자 주주의 의제배당액은 0원이 되죠."

당초 대주주의 해산시 의제배당(3.8억 원) = 해산대가(4억 원) - 주식취득가액(25천만 원)
배우자 주주의 해산시 의제배당(0원) = 해산대가(6억 원) - 주식취득가액(6억 원)

장 "그럼, 진짜 의제배당소득금액이 낮아져서 세금이 줄어드는 거네요."

허 "뭐, 의제배당 계산에 대해서 이와 관련한 별도의 규제규정이 없으니 가능한 일입니다."

장 "그럼, 이 제도를 이용해서 정기배당 받지 않고 배우자 증여 후 법인 청산으로 대가를 받아가는 게 낫겠구먼요."

허 "그냥 제도가 그렇다는 것뿐이에요."

장 "그렇다면 세무사님. 제가 지금 가지고 있는 회사주식을 배우자에게 시가 6억 원 증여하고, 배우자가 우리 회사에 자기주식을 팔거나 주식을 유상감자하면 세금은 없는 것 아닙니까? 같은 이치로요."

허 "허허. 거기까지 생각하셨군요. 맞아요. 하지만 배우자가 증여받은 주식을 5년 내 양도하고, 그 양도대금이 장사장님의 가지급금 변제에 쓰인다면 우회양도 부당행위계산부인이라는 제도에 걸려서 장사장님이 주식 양도소득세를 내야 합니다. 주식 양도가액과 장사장님의 주식취득가액을 기준으로요."

우회양도 부당행위계산부인이란 거주자가 특수관계인에게 자산을 증여한 후, 그 자산을 증여받은 자가 그 증여일부터 5년 이내에 다시 타인에게 양도한 경우로서 증여받은 자의 증여세와 현재의 양도소득세를 합한 세액이 증여자가 직접 양도하는 경우로 보아 계산한 양도소득세보다 적은 경우에는 증여자가 그 자산을 직접 양도한 것으로 본다는 규정이다. 다만, 양도소득이 해당 수증자에게 실질적으로 귀속된 경우에는 적용하지 아니한다.

장사장이 회사주식을 평가하여 6억 원까지 배우자에게 증여하면 증여세도 없고, 배우자가 이를 회사에 자기주식으로 6억 원에 매각하면 양도차익이 없어 양도소득세 부담도 없지만, 이렇게 마련된 자금을 장사장에게 지급하여 가지급금 변제에 사용한다면 장사장이 주식을 직접 매각한 것으로 보아 양도소득세를 부과하게 되는 것이다.

장 "그럼, 유상감자로 받는 건 어떻습니까? 그건 배당소득세 과세대상이라면서요."

허 "맞네요. 아직까지 세법규정에 그걸 규제하는 규정은 없습니다. 다만, 세법의 대원칙인 실질과세원칙을 들어 그러한 일련의 의제배당행위가 단지 조세회피를 하기 위한 도구일 뿐이지, 실질상 의제배당행위도 아니라고 판시한다면 얘기는 또 달라지겠죠."

장사장의 아이디어처럼 최근 주식의 배우자 증여를 통한 가지급금 죽이기가 회자되고 있다. 대주주 소유의 주식을 배우자에게 증여한 후 자기주식 매매하거나 자기주식 소각하면 양도소득세 또는 배당소득세를 절세할 수 있지 않느냐는 것이다. 더 나아가 임직원 명의로 신탁된 주식을 정리할 때도 해당 임직원의 배우자에게 주식을 증여한 후 자기주식으로 매매 또는 소각함으로써 양도소득세 또는 배당소득세를 줄일 수 있다고 한다.

다만 이러한 일련의 행위가 조세회피행위에 해당한다면 실질과세에 따라 국세청이 과세할 수 있을 것으로 판단된다. 또한 주식명의신탁의 해소방안으로 이러한 것을 제안하는 것은 탈세행위에 불과하며 만약 주식대금이 최종 대표자에게 귀속될 경우 주식명의신탁에 따른 증여세 외에 자기주식 매매 등에 따른 추가세금이 있다는 점에 유의하여야 한다.

제 22 화

가지급금 없애는 이야기 열넷 – 접대비 활용

접대비로 죽이기

장 "허세무사님, 개인사업에서 발생한 사업소득세를 줄여보려고 법인전환을 하고, 법인세를 내고 근로소득세 등을 안 내보려고 주로 대표자 가지급금을 가져가 생활을 한 제가, 가지급금으로 10억원을 쓰고 이걸 세금 안내고 탕감시켜보려고 세법을 참 많이 배웠습니다."

허 "사실 이런 상황에서 대안을 제시하기가 쉽진 않아요. 애초에 시작이 잘못되었다고나 할까요? 사실 개인사업으로 내는 세금이 싼 세금일 수도 있거든요. 법인사업은 언제나 이중과세 문제가 있어서 오히려 법인전환하면 세금이 싸다고 하는게 조삼모사(朝三暮四) 같은 얘기인 건데요…."

장 "그러게 말입니다. 법인은 세금 줄이려고 하는게 아니라, 다수로부터 자본을 끌어들여 회사를 키우고 영속성을 유지하려는 목적으로 하는게 맞는 거였어요. 그간 공부를 해 보니 그래요. 애초에 제가 시작을 잘못한 거고요. 게다가 세금을 줄일 거면 법인전환하면서 개인사업의 영업권이라고 계상해서 초기에 법인으로부터 받아갈 대가를 잘 챙겨두는 건데, 그것도 못하고…."

허 "그러게 말입니다. 그런데 어떤 회사는 엉뚱한 원인으로 가지급금이 발생하기도 해요."

장 "그건 또 뭡니까?"

허 "갑질에 당하는 중소기업의 애로랄까요, 예를 들어 사업자 「갑」과 사업자 「을」이 있는데, 「갑」이 「을」에게서 상품을 매입해요. 이 때 「갑」이 자기의 경비를 부풀리고 회사자금을 횡령하기 위해 실제 매입액(100)보다 더 많은 매입증빙(200)을 「을」에게 발행해 달라고 요구해요."

장 "뭐 실무에서는 그런 경우도 많죠. 저도 일부 있다고 해도 됩니다만…."

허 "「을」은 할 수 없이 「갑」에게 매출증빙(200)을 발행해 주고 외상매출금으로 200을 잡지만, 「갑」이 결제를 100만 해 주니 외상매출금 100이 「을」의 대표자 가지급금으로 남게 되기도 하거든요."

을의 실제 거래	을의 형식적 거래
(1) 외상매출금 100 / 매출 100 (2) 보통예금 100 / 외상매출금 100	(1) 외상매출금 200 / 매출 200 (2) 보통예금 100 / 외상매출금 200 가지급금 100

장 "「을」의 입장에서는 매출도 실제보다 100을 더 잡아서 세금도 많이 낼텐데, 게다가 대표자에게 가지급금까지 생기니 정말 억울한 노릇이네요."

허 "그런데 그런 걸 회사가 숨기려고 내내 장부에 가지급금으로 달고 가요."

장 "그럼 어떻게 합니까?"

허 "세법은 사업자가 약정에 의하여 채권의 전부 또는 일부를 포기한 경우에는 이를 대손금으로 보지 아니하고 기부금 또는 접대비로 본다고 규정하고 있어요."

장 "그러면 접대비로 처리하는게 그나마 낫다는 거군요."

당초 회계처리	수정 회계처리
(1) 외상매출금 200 / 매출 200 (2) 보통예금 100 / 외상매출금 200 가지급금 100	(1) 외상매출금 200 / 매출 200 (2) 보통예금 100 / 외상매출금 200 접대비 100

허 "그나마 가지급금으로 달고 가면서 인정이자, 소득처분, 지급이자 비용부인, 불량자산처리되는 것보다는 낫죠. 다만 채권포기액을 세무상 경비처리하시려고 하시는 것까지는 욕심입니다."

장 "아, 그렇군요. 그런데 이제 슬슬 가지급금 죽이기 얘기를 끝낼 때가 된 것 같아요."

허 "맞습니다. 이제 저도 더 이상 해 드릴 얘기가 없네요."

제 23 화

가지급금 죽이기를 마치며 – 뭐든지 잘 알아보고 하세요

업무무관 가지급금이란, 명칭 여하에 관계없이 해당 법인의 업무와 관련이 없는 자금의 대여액을 말한다. 그런데 법인이 특수관계 있는 개인 또는 법인에게 업무무관 가지급금을 대여한 경우에는 그 대여액에 반드시 이자를 받을 것을 규정하고, 이자를 받지 않는 경우 특수관계인이 이자만큼의 소득을 얻은 것으로 간주하며, 더 나아가 대출금이 있는 법인이 업무무관 가지급금을 지급한 경우에는 해당 대출금의 이자비용을 세무상 경비에서 제외한다.

그런데 최근 대다수의 중소법인이 가지급금이 있음을 빌미로 이른바 경영컨설팅이란 명분으로 중소법인사업자를 방문하여 가지급금을 없애는 작업을 무상으로 진행해 주겠다고 하면서, 그 대가로 고액의 보험가

입을 유도하는 영업이 지난 몇 년간 지속되고 있다. 그럼 우선 중소법인은 왜 가지급금을 없애고 싶어 하는지 그 이유에 대해 알아보고, 가지급금을 없애는 방안에 대해서 살펴보자.

가지급금에 뒷통수 맞은 사연

법인이 특수관계인에게 업무와 관련 없는 가지급금을 대여하면, 다음의 5가지 세무상 규제가 있다.

1. 가지급금 인정이자에 대한 법인세 증가

가지급금이 있는 법인은 약정에 의한 이자수익 또는 당좌대출이자율과 가중평균차입이자율 중 선택한 이율에 따라 계산한 인정이자수익에 따라 법인세가 증가하게 된다.

2. 소득처분에 의한 소득세 증가

법인이 특수관계인에게 금전을 무상 또는 낮은 이율로 대부한 경우, 다음과 같이 계산한 인정이자와 회사가 계상한 이자와의 차이를 익금산입하고 귀속자에 따라 소득처분하여야 한다. 따라서 소득처분에 따른 소득세가 증가하는 부담이 있다.

인정이자 = 가지급금 등의 적수 × 이자율 × 1/365(윤년의 경우 1/366)

3. 가지급금에 대응하는 지급이자 손금불산입

지급이자는 순자산 감소의 원인이 되는 손비로서 손금산입 항목이나, 업무무관자산 및 업무무관가지급금에 대한 지급이자는 손금불산입하고 기타사외유출처분한다.

이는 법인이 대출을 받아 가지급금으로 사용하고 대출이자 상당액을 비용처리하는 행위를 규제하기 위함이다.

4. 대손충당금 설정채권 제외, 대손금 채권 제외

내국법인이 보유하고 있는 특수관계인에게 업무와 관련없이 지급한 가지급금 등에 대하여는 대손충당금을 설정할 수 없고 채무자의 무재산 등으로 회수할 수 없는 경우에도 이를 손금에 산입할 수 없으며, 그 처분손실도 손금에 산입하지 아니한다.

5. 기업진단 등 기업자산평가시 자산성 부인

기업진단 등 기업자산 평가시 일반적으로 특수관계자에 대한 가지급금 및 대여금은 부실자산으로 본다.

가지급금 죽이기

위와 같은 가지급금의 폐해로 인해 중소기업은 가지급금을 효과적으로 탕감할 수 있는 것을 꿈꾼다. 그리고 시중에서 제시하는 가지급금 해소방안은 대략 다음과 같다.

1. CEO 급여소득의 극대화
2. 퇴직금 중간정산 활용
3. 배당의 활용, 특히 차등배당의 활용
4. 직무발명보상제도의 활용
5. 개인 소유 산업재산권 등의 양도와 대여 활용
6. 개인 소유 부동산 또는 동산의 양도 활용
7. 자기주식 거래 활용
8. 유상감자의 활용

1. CEO 급여소득의 극대화

CEO 급여소득을 높여 가지급금을 상환하는 것은 통상적인 방법으로 활용되어 왔다. 다만, 급여소득의 증가에 따른 근로소득세 및 건강보험료 부담 문제가 병존한다. 따라서 고율의 누진세율을 부담하면서까지 당장의 CEO 급여소득을 극대화시키는 것은 현실성이 없고, 점증적으로 소득을 높이는 것이 현실적이기 때문에 가지급금의 전부 또는 상당부분을 상환하는 방법으로의 활용가능성은 떨어진다.

장기적으로 퇴직금을 증가시킬 수 있다고 보는 점도(DC형 퇴직금을 제외하고) 퇴직 전 3개월의 평균임금에 근속연수를 곱하는 퇴직금 산정방식에 의한다면 크게 의미 있는 수단도 되지 못한다.

2. 퇴직금 중간정산 활용

2015년까지는 임원의 연봉제 전환으로 인한 중간정산이 가능했으므로, 임원의 퇴직금 중간정산을 통해 가지급금을 상환할 수 있었다. 이러한 임원 퇴직금 중간정산은 2015년 말로 종결된 바 현재에는 장기요양,

주택구입 등 정당한 중간정산 사유가 있는 경우와 현실적 퇴직이 발생하는 경우 외에는 퇴직금 정산을 통한 가지급금의 상환은 어렵다.

그럼에도 불구하고 퇴직금 정산을 통하여 가지급금 상환재원을 마련할 수 있다고 주장하는 것은 법정퇴사 후 고문으로 취임하는 등 편법을 활용하는 것으로 예상된다. 그러나 국심2005서3309, 2005. 12. 27.에 의하면 세법상 "법인의 임원이라 함은 직책 및 명칭 여하에 불구하고 사실상 임원의 직무에 종사하는 자"를 의미하기 때문에, 법정퇴사 후 재차 법인의 사실상 임원이 되는 경우는 현실적인 퇴직이 아니라 할 것이므로 편법은 무의미하다고 판단된다.

3. 배당활용, 특히 차등배당의 활용

꾸준한 정기배당과 중간배당을 통해 주주의 안정적인 자금확보가 가능하다. 따라서 배당을 통한 가지급금 상환재원 마련은 전통적으로 활용되어 왔다.

다만, 배당을 통하여 가지급금을 상환한다는 것은, 배당소득세의 부담이 가지급금을 상여 등으로 변제하는 것보다 실효세금이 더 낮아야 유효하기 때문에, 배당으로 지급하는 금액은(개인별 소득 수준에 따라 차이가 있겠지만) 종합소득세 실효세율이 배당소득 원천징수세율 14%를 크게 웃돌지 않는 수준에서 결정되어 왔다. 따라서 배당소득이 가지급금을 상환하는 것은 금액적 한계가 있다. 즉, 배당을 통한 가지급금 상환재원마련은 일정부분 유효하지만 상당한 금액의 가지급금을 상환하기에는 어려움이 있다.

이는 배당소득세 실효세율이 높아지면 배당을 하지 않으려는 경향 때문이다. 그런데 이 문제점을 주주 간 차등배당을 통해 해소할 수 있다고 한다. 그러나 주주 간 차등배당은, 증여세 부담 없이 배우자 및 자녀에게 부(富)를 이전하는 수단일 수 있지만 우회적으로 자금을 돌린다면 모를까, 가지급금 상환재원의 마련 수단이 되기는 어렵다.

배당포기(또는 과소배당) 주주	초과배당받은 주주
• 개인주주: 과세하지 않음	• 배당에 대한 소득세 과세
• 법인주주는 부당행위계산부인 적용	• 초과배당 받은 주주가 포기 · 과소배당한 주주로부터 증여받은 것으로 보아 증여세 과세하되, 증여세가 소득세를 초과하는 경우에 한정(증여세 계산시 소득세 상당액 공제)

그리고 만일 가족회사가 아니라, 주주 간 분쟁의 소지가 있는 경우라면 차등배당이 사실상 어렵다. 차등배당은 주주가 문제를 제기하면 상대적 무효의 문제가 발생하기 때문이다. 이런 경우 배우자 증여재산공제(현행 6억 원) 등을 이용하여 주식을 증여하고 배당소득이 분산되도록 유도하는 것이 더 현실적이다.

4. 직무발명보상제도의 활용

발명진흥법에 따라 종업원 등은 직무발명에 대한 특허권 등을 계약이나 근무규정에 따라 사용자 등에게 승계하거나 전용실시권으로 설정한 경우 정당한 보상금을 받을 권리를 가지게 된다. 이를 '직무발명보상금'이라 한다. 세법은 회사가 지급하는 직무발명보상금에 대하여 손비처리가 됨과 아울러 연구·인력개발비 세액공제대상으로 규정하고 있으며, 2017년 전까지 종업원 등이 받는 직무발명보상금은 소득세 비과세 대상이다.

따라서 기업의 임직원이 직무발명보상제도에 의하여 개발한 특허 등에 대하여 법인이 직무발명보상금을 지급하고, 이를 소유 혹은 사용하게 하면 임직원의 보상액에 대하여는 종합소득세를 비과세하고, 법인은 연구 및 인력개발비 세액공제를 받을 수 있기 때문에 고액의 직무발명보상금을 설정하여 세금없이 임직원의 가지급금 변제수단으로 활용할 것을 강조했다.

그러나 이러한 직무발명보상금이 절세수단 내지 가지급금 변제수단으로 활용되려면 상당한 금액의 평가를 수반하여야 한다. 따라서 실제보다 과다계상하여 개인소득세 부담 없이 가지급금을 해소하고, 연구비공제를 받으려는 부분이 있을 수 있겠으나, 2017년부터 소득금액 연 300만 원(2019년부터 500만 원)까지만 비과세하므로 활용가능성이 매우 낮아졌으며, 기획재정부가 발표한 개정 이유에서는 통상적인 등록보상액이 연 100만 원 수준임을 명시하고 있어 전문연구기관이 아닌 일반기업이 직무발명보상금을 가지급금의 상환수단으로 활용하는 것은 매우 어려울 것으로 판단된다.

5. 개인 소유 산업재산권 등의 양도와 대여 활용

임원 개인 소유의 산업재산권을 법인에게 양도 혹은 대여함으로써, 그 매매대금이나 사용대금으로 임원의 자금확보가 가능하다. 특히 개인의 산업재산권 양도에 대하여는 기타소득세로 과세하고, 그 양도대금의 60%를 필요경비로 공제하는 규정을 적용받을 수 있으므로 절세가 가능하며, 법인은 산업재산권을 양수 혹은 임차함으로써 감가상각비 또는 사용료 명목으로 비용처리할 수 있는 장점이 있다.

이러한 산업재산권의 양수도가 절세수단 내지 가지급금 변제수단으로 활용되려면 상당한 금액의 평가를 수반하여야 한다. 현행 세법체계에 의하면 상속세 및 증여세법상 평가원칙에 따라 감정평가업자의 평가를 통해 무체재산권의 시가를 확정할 수 있다.

6. 개인 소유 부동산 또는 동산의 양도 활용

보험, 차량, 수익형부동산, 각종 회원권 등 임원 명의의 재산이 있는 경우로서 환금성이 높지 않은 경우에는, 시가감정을 통해 법인에 유상양도하여 자금을 확보할 수 있다. 보험, 차량, 수익형 부동산, 각종 회원권 등 임원 명의의 재산이 있는 경우 시가감정을 통해 법인에 유상양도하면 자금도 확보하면서 계속적으로 사용수익을 유지할 수 있어 큰 장점이 된다.

다만, 법인에 고가로 양도할수록 개인의 양도소득세 부담이 커지는 경우가 발생할 수 있다.

7. 자기주식 거래 활용

상법의 개정에 따라 2012년 4월 15일부터 비상장법인도(특정사유 없이) 자기주식의 취득이 가능해짐으로써 법인이 이를 활용할 수 있는 범위가 확대되었다. 다만, 최대주주가 법인에 자기주식을 양도함으로써 그 양도대금으로 가지급금을 상환할 수 있는 것으로 활용되기에는 무리가 있다.

현행 세법의 해석과 판례에 의하면, 자기주식의 취득이 주식소각 외에 경영권 분쟁방지 또는 외부투자 유치 등 합리적인 사유에 의한 것이라면, 과세관청은 동 자기주식 거래에 대하여 큰 문제를 삼지 않고 양도자는 주식 양도소득세, 취득법인은 특별한 쟁점이 없이 처리되고 있으나 (법규법인 2013-171, 2013. 8. 1.), 만일 자기주식거래가 법인보유자금을 자기주식거래를 가장하여 대표자가 인출하는 방식으로 활용하는 경우에는 이를 실질상 업무무관가지급금거래로 보기 때문이다(조심 2016서1700, 2016. 7. 7.).

특히 법인보유자금을 자기주식거래를 가장하여 대표자가 인출하는 방식으로 활용하는 경우가 아닌 것을 주장하려면 자기주식과 관련한 상법 규정을 적법하게 따랐는지 여부가 사실관계 확정의 기초가 되고, 이해관계를 달리하는 여타 주주가 같이 참여하거나 동의하는 경우 등 자기주식 거래를 객관화할 수 있는 사실이 있어야 한다.

게다가 배당가능이익을 재원으로 하지 않고 대표이사와 그 특수관계인이 100% 지배하는 법인이 가지급금과 상계할 목적으로 행한 자기주식 양도는 상법 위반가능성도 배제할 수 없어 활용가능성이 크게 떨어질 것으로 예상된다.

8. 유상감자의 활용

유상감자의 경우 감자주주의 주식취득가액과 유상감자의 대가와의 차액을 (의제)배당소득으로 보아 과세한다. 따라서 보유주식의 취득가액이 높고 취득가액과 감자대가의 차액이 적어서 감자시 의제배당에 따라 납부하여야 할 배당소득세가 낮은 경우 유상감자를 통하여 개인자금을 확보할 수 있을 것이다. 그러나 당초 납입자본금이 작아 주식 취득가액이 낮은 대다수의 중소기업에서는 유상감자시 거액의 배당소득세 부담이 예상되기에 보편적으로 활용하기에는 무리가 있다.

가지급금 죽이기를 마치며

최근 수년 간 경영컨설팅을 명분으로 법인사업자에게 접근하여 가지급금 해소방안 등을 제시하고 컨설팅 수수료는 무상이라고 하면서도 고액의 보험가입(중도해지시 원금손실발생)을 유도하는 방식의 영업이 계속되고 있다.

주로 취급하는 보험은 CEO의 퇴직을 보험사유로 하는 만기환급금이 없는 보장성보험이며, 계약 형태는 계약자 및 수익자는 법인, 피보험자는 대표이사로 하여 월 ○○○만 원 납입, 90세 등 고령의 만기 납부조건이다. 그러면서 통상 다음과 같이 10년 이내에는 원금보장이 없고 이후에는 원금보장은 있으나, 만기시에는 오히려 해지환급금이 없는 환급률을 예정한다.

예시

(단위: 백만 원)

경과연수	1년	2년	10년	40년(90세)
납입보험료(누계)	36	72	360	1,440
해지환급금	0.5	33	339	0

위와 같은 예시에 따르면 1년 내 해지하면 원금소멸인 것이고, 2년 이내면 절반도 못찾는다. 10년 정도 되어야 원금 정도를 찾을 수 있는데, 그 이상 불입하면 원금 이상을 수령할 수 있으나, 만기시에는 오히려 해지환급금이 0원이라 사실상 만기 전에 대표이사가 퇴직하여 보험금을 받거나 만기 전에 법인이 보험계약을 해지하고 해지환급금을 찾는 구조이다.

이렇게 설계하는 것은 납입보험료를 즉시 손비처리하기 위한 고육지책이다. 왜냐하면 이 보험이 저축성보험이 되면 법인세 절세효과가 없으니 법인 입장에서 가입할 이유가 없고, 보장성보험이면서 환급금이 없으면 고액보험에 가입할 이유가 없기 때문이다.

이런 보험의 세무상 취급에 있어서 국세청과 기획재정부는 다음과 같이 유권해석하고 있다.

❏ **서면-2018-법인-1779, 2018. 7. 18.**

내국법인이 대표이사를 피보험자로 하고 계약자와 수익자를 법인으로 하는 보장성보험에 가입한 경우, 법인이 납입한 보험료 중 만기환급금에 상당하는 보험료 상당액은 자산으로 계상하고 기타의 부분은 이를 보험기간의 경과에 따라 손금에 산입하는 것으로 피보험자인 대표이사의 퇴직기한이 정해지지 않아 사전에 해지환급금을 산정할 수 없어 만기환급금에 상당하는 보험료 상당액이 없는 경우에는 내국법인이 납입한 해당 보험료를 보험기간의 경과에 따라 손금에 산입하는 것이며, 상기 보장성보험의 해약으로 지급받는 해약환급금은 해약일이 속하는 사업연도의 소득금액 계산 시 익금에 산입하는 것임.

즉, 외관은 보장성보험의 모습을 하고 있으니 보험료 납입액은 즉시 손금산입하겠지만, 추후 해약으로 환급금을 찾으면 그때 즉시 전액을 익금산입하겠다는 의미이다. 물론 보험사에서는 환급금을 찾을 때 임원퇴직금을 주면서 법인은 퇴직금을 손비처리하면 된다고 할 것이다.

그러나 이러한 방식으로 주는 임원퇴직금은 세법이 정한 한도 내에서 설계되어야 하고, 그 이상이 되면 임원퇴직금 한도초과로 손금불산입된다. 게다가 이러한 손비처리 구조는 DC형 퇴직연금의 구조와도 같다.

DC형 퇴직연금으로 불입하는 경우에 법인의 손익귀속시기는 (법인세법 시행령 제44조의2 제2항의 규정에 따라) 퇴직연금을 부담하는 사업연도에 손금에 산입한다. 그런데 이 경우 세법이 정한 임원퇴직금의 한도를 초과하여 불입하는 경우가 발생하기도 한다.

그러나 이 경우에도 손금불산입 시기는 국세청 유권해석(법인-809, 2011. 10. 26.)에 따르면 "임원에 대한 확정기여형 퇴직연금 부담금이 임원퇴직금 한도초과시, 동 초과액은 퇴직일이 속하는 사업연도에 손금불산입하되 동 초과액이 퇴직일이 속하는 사업연도에 납부한 부담금을 초과하는 경우에는 그 초과액을 익금에 산입한다"고 규정하고 있다.

즉 DC형 퇴직연금의 경우에 감세효과는 불입시 발생하는 것이나, 임원퇴직금 한도초과가 발생할 경우 퇴사시에 법인세 및 소득세가 증가되는 구조이다.

손비의 취급이 다르지 않은 2개의 서로 다른 보험. 그러나 하나는 중도해지시 원금을 찾기가 쉽지 않고 1개는 임원퇴직이 되면 퇴직연금 또는 일시금을 받을 수 있다.

가지급금이 많은 중소기업. 이러한 중소기업의 평균 수명은 12.3년이며, 신설기업의 경우 창업해서 2년 뒤까지 생존하는 기업은 50%가 안 되고 5년 이내에 폐업하는 비율이 76.4%나 된다. 즉, 중소기업의 5년 이상 생존 확률은 불과 23.6%에 불과하다. 영업할 때는 백년 기업일 것 같지만 실상은 아니라는 것이다.

아무튼 가지급금 얘기로 돌아와서, 회사에 실질적인 도움이 되는 경영컨설팅은 전문자격 유무를 떠나 매우 장려할 만한 것이다. 다만, 어떤 제도가 법 형식을 이용하여 조세회피수단으로 악용될 경우 납세자는 일시적으로 절세라고 믿을 수 있겠으나, 추후 과세관청으로부터 경제적 실질에 따라 세금추징이 될 경우 이를 구제할 현실적인 방법이 없다.

예를 들어 세무사가 자문했을 경우에 세무사 과실이 있다면 배상책임을 지울 수 있겠으나, 경영컨설팅은 이러한 최소한의 법적 책임도 지지 않는 경우가 대부분이다. 왜냐하면 법적으로는 이러한 절세컨설팅의 세무대리를 하지 않았기 때문이다.

앞서 본문을 통해 제시한 가지급금 죽이기의 대안 – 임원급여 및 퇴직금으로 죽이기, 배당으로 죽이기, 직무발명보상금으로 죽이기, 보유권리로 죽이기, 영업권으로 죽이기, 임차보증금으로 죽이기, 보유부동산·보유동산으로 죽이기, 자기주식으로 죽이기, 유상감자로 죽이기, 회사를 정리하며 죽이기 등 – 이 해당 기업의 현실과 맞물려 실무상으로 활용될 수 있는 방안도 있을 것이다.

만일 실무적으로 활용가능한 방법이 있다면, 해당 기업이 전문자격사와 협의하여 합법적이고 합리적인 방법에 따라 주체적으로 업무를 수행하기를 바랄 뿐이다.

부록

비상장주식의 유상거래시 세무상 문제
- 주식거래시 참고하기

'가지급금 죽이기'에서 다루는 자기주식 양도를 포함하여 법인의 주식을 특수관계인 간 또는 非특수관계인 간 양도하면서 시가가 아닌, 저가 또는 고가로 양도하는 경우 주식 양도소득세뿐만 아니라 여러 가지 세무상 문제들이 발생하게 된다. 이에 업무에 참고하라고 상황별로 정리해 본다.

특수관계인 간 비상장주식을 시가보다 저가로 매매한 경우

1. 개인 → 개인

① 양도자

소득세법상 양도소득세에 대한 부당행위계산부인규정에 의하여 특수관계인에게 저가양도한 경우 시가에 의해 양도한 것으로 보아 양도소득금액을 계산하여 과세한다. 비상장주식의 양도에 따른 양도소득세는 분류과세되고, 이는 사업 관련성 여부와 무관하게 파악한다.

② 양수자

상속세 및 증여세법상 저가양수·고가양도에 따른 이익의 증여 등에 의하여 시가와의 차액이 시가와 30% 이상이거나 그 차액이 3억 원 이상인 경우에 시세차익상당액(시가의 30%와 3억 원 중 작은 금액을 공제함)을 증여재산가액으로 한다.

2. 개인 → 법인

① 양도자

소득세법상 양도소득세에 대한 부당행위계산부인규정에 의하여 특수관계인에게 저가양도한 경우 시가에 의해 양도한 것으로 보아 양도소득금액을 계산하여 과세한다. 비상장주식의 양도에 따른 양도소득세는 분류과세되고, 이는 사업 관련성 여부와 무관하게 파악한다.

② 양수자

법인세법상 익금항목으로 특수관계 있는 개인으로부터 유가증권을 시가에 미달하는 가액으로 매입한 경우에 매입가액과 시가와의 차액을 각 사업연도소득금액 계산시 익금에 산입하여 법인세를 과세한다.

3. 법인 → 개인

① 양도자

법인세법상 각 사업연도 소득금액 계산시 부당행위계산부인규정에 의하여 시가와 저가의 차액을 익금에 산입하고 특수관계인의 구분에 따라 배당 · 상여 · 기타소득으로 처분한다.

② 양수자

특수관계에 있는 법인으로부터 저가로 재산을 취득하거나 고가로 양도한 것에 대하여 부당행위계산부인에 따른 법인세를 과세하고, 저가 취득자 또는 고가 양도자에게 배당 등으로 소득처분되어 소득세가 과세되는 경우에는 저가 취득자 또는 고가 양도자에게 증여세를 과세하지 않는다(상증법 집행기준 4-0-2 증여세를 부과하지 않는 경우).

4. 법인 → 법인

① 양도자

법인세법상 각 사업연도 소득금액 계산시 부당행위계산부인규정에 의하여 시가와 저가의 차액을 익금에 산입하고 기타사외유출로 처분한다.

② 양수자

거래 당시에 세무상 추가적인 문제는 없다. 다만, 해당 주식의 취득가액은 시가가 아닌 저가로 계산한다.

非특수관계인 간 비상장주식을 시가보다 저가로 매매한 경우

1. 개인 → 개인

① 양도자

특수관계에 있지 아니하므로 부당행위계산부인규정을 적용할 여지가 없이 저가 양도가액을 기준으로 양도차익을 계산하여 양도소득세를 부담한다.

② 양수자

시가와의 차액이 시가와 30% 이상인 경우에는 상속세 및 증여세법상 저가양수에 따른 증여규정을 적용받을 수 있으나, 시세차익에서 3억 원은 공제한다. 그리고 정당한 사유가 있는 경우에는 증여규정을 적용하지 아니한다.

2. 개인 → 법인

① 양도자

특수관계에 있지 아니하므로 부당행위계산부인규정을 적용할 여지가 없이 저가 양도가액을 기준으로 양도차익을 계산하여 양도소득세를 부담한다.

② 양수자

거래 당시에 세무상 추가적인 문제는 없다. 다만, 해당 주식의 취득가액은 시가가 아닌 저가로 계산한다.

3. 법인 → 개인

① 양도자

법인세법상 기부금 의제규정에 의하여 특수관계 없는 자에게 정당한 사유없이 자산을 정상가격(시가의 70%)보다 낮은 가액으로 양도한 경우 그 차액을 기타의 기부금으로 보아 익금산입한다.

② 양수자

시가와의 차액이 시가와 30% 이상인 경우에는 상속세 및 증여세법상 저가양수에 따른 증여규정을 적용받을 수 있으나, 시세차익에서 3억 원은 공제한다. 그리고 정당한 사유가 있는 경우에는 증여규정을 적용하지 아니한다.

4. 법인 → 법인

① 양도자

법인세법상 기부금 의제규정에 의하여 특수관계 없는 자에게 정당한 사유없이 자산을 정상가격(시가의 70%)보다 낮은 가액으로 양도한 경우 그 차액을 기타의 기부금으로 보아 익금산입한다.

② 양수자

거래 당시에 세무상 추가적인 문제는 없다. 다만, 해당 주식의 취득가액은 시가가 아닌 저가로 계산한다.

특수관계인 간 비상장주식을 시가보다 고가로 매매한 경우

1. 개인 → 개인

① 양수자

양수자는 추후 주식매각에 따른 취득가액 산정시 실제 취득가액이 아니라, 소득세법상 양도소득세 부당행위계산부인규정에 의하여 시가상당액을 주식취득가액으로 본다.

② 양도자

소득세법상 실제 양도가액에서 증여재산가액을 차감한 금액을 양도가액으로 보아 양도소득세를 부담함과 동시에, 시세차액이 시가의 30% 이상이거나 그 차액이 3억 원 이상인 경우에 상속세 및 증여세법상 고가양도에 따른 증여규정에 의하여 시세차익 상당액(시가의 30%와 3억 원 중 작은 금액을 공제함)을 증여재산가액으로 한다.

2. 개인 → 법인

① 양수자

양수법인은 고가 취득주식에 대하여 고가와 시가차액을 (손금산입) 유가증권 (△유보)으로 자산감액처분함과 동시에, 동 금액을 (익금산입) 부당행위계산부인 (배당 · 상여 · 기타소득) 처분한다.

② 양도자

소득세법상 시가(실제 거래가액 아님)에 의한 양도소득세를 부담함과 동시에 법인세법상 부당행위계산부인규정에 의한 소득처분에 따른 종합소득세 납세의무를 지게 된다.

3. 법인 → 개인

① 양수자

양수자는 추후 주식매각에 따른 취득가액 산정시 실제 취득가액이 아니라, 소득세법상 양도소득세 부당행위계산부인규정에 의하여 시가상당액을 주식취득가액으로 본다.

② 양도자

고가양도에 의한 양도차익에 대하여 각 사업연도 법인세 부담을 지게 된다.

4. 법인 → 법인

① 양수자

양수법인은 고가취득주식에 대하여 고가와 시가차액을 (손금산입) 유가증권 (△유보)으로 자산감액처분함과 동시에, 동 금액을 (익금산입) 부당행위계산부인 (기타사외유출) 처분한다.

② 양도자

고가양도에 의한 양도차익에 대하여 각 사업연도 법인세 부담을 지게 된다.

非특수관계인 간 비상장주식을 시가보다 고가로 매매한 경우

1. 개인 → 개인

① 양수자

주식의 고가양수에 따른 세무상 추가적인 문제는 없다.

② 양도자

소득세법상 실제 양도가액에서 증여재산가액을 차감한 금액을 양도가액으로 보아 양도소득세를 부담함과 동시에, 시가와의 차액이 시가의 30% 이상인 경우에 상속세 및 증여세법상 고가양도에 따른 증여규정을 적용받을 수 있으나 시세차익에서 3억 원은 공제한다. 그리고 정당한 사유가 있는 경우에는 증여규정을 적용하지 아니한다.

2. 개인 → 법인

① 양수자

양수법인은 고가 취득주식에 대하여 고가와 시가의 130%와의 차액을 의제기부금으로 보아 (익금산입) 의제기부금 (기타사외유출)함에 동시에, (손금산입) 유가증권 (유보)으로 주식취득가액을 차감한다.

② 양도자

소득세법상 실제 양도가액에서 증여재산가액을 차감한 금액을 양도가액으로 보아 양도소득세를 부담함과 동시에, 시가와의 차액이 시가의 30% 이상인 경우에 상속세 및 증여세법상 고가양도에 따른 증여규정을 적용받을 수 있으나 시세차익에서 3억 원은 공제한다. 그리고 정당한 사유가 있는 경우에는 증여규정을 적용하지 아니한다.

3. 법인 → 개인

① 양수자

주식의 고가양수에 따른 세무상 추가적인 문제는 없다.

② 양도자

고가양도에 의한 양도차익에 대하여 각 사업연도 법인세 부담을 지게 된다.

4. 법인 → 법인

① 양수자

양수법인은 고가 취득주식에 대하여 고가와 시가의 130%와의 차액을 의제기부금으로 보아 (익금산입) 의제기부금 (기타사외유출)함에 동시에, (손금산입) 유가증권 (유보)으로 주식취득가액을 차감한다.

② 양도자의 법인세

고가양도에 의한 양도차익에 대하여 각 사업연도 법인세 부담을 지게 된다.

| 저 | 자 | 소 | 개 |

■ 장보원 세무사

- 서울시립대학교 세무학과 졸업
- 서울시립대학교 세무전문대학원 졸업(석사)
- 서울지방세무사회 홍보위원장
- (주)한화호텔앤드리조트, (주)한컴, (주)에스케이네트웍스, (주)63시티 세무자문
- 서울지방국세청장상 수상
- 한국세무사회장 공로상 수상
- 국회사회공헌대상 수상

〈현재〉

- 장보원세무회계사무소 대표
- 서울시 지방세심의위원
- 한국세무사고시회 연구부회장
- 법원행정처 전문위원
- 중소기업중앙회 본부 세무자문위원
- 한국지방세연구원 세무자문위원
- 서울시 마을세무사
- 삼일아이닷컴 자문위원

〈저서 · 논문〉

- 『세법정해』, 영화조세통람(2002)
- 『세법학 1부』, 『세법학 2부』, 『세법학총정리』, 영화조세통람(2003)
- 『절세가 아름답다』, 도서출판 창해(2009)
- 『절세테크 100문 100답』, 도서출판 평단(2017)
- 「우리나라 부가가치세법상 의제매입세액공제에 관한 소고: 농어민 및 미가공 농산물 등의 취급을 중심으로」, 서울시립대학교 세무전문대학원(2011)